曹薰铉、李昌镐精讲围棋系列

实战对攻

精讲围棋对局技巧

曹薰铉围棋研究室 —— 编著

化学工业出版社

·北京·

图书在版编目（CIP）数据

精讲围棋对局技巧．实战对攻／曹薰铉围棋研究室编著．
—北京：化学工业出版社，2020.3
（曹薰铉、李昌镐精讲围棋系列）
ISBN 978-7-122-36092-2

Ⅰ．①精… Ⅱ．①曹… Ⅲ．①围棋－对局（棋类运动）
Ⅳ．① G891.3

中国版本图书馆 CIP 数据核字（2020）第 020811 号

责任编辑：史　懿　杨松森　　　　　　　装帧设计：刘丽华
责任校对：刘曦阳

出版发行：化学工业出版社（北京市东城区青年湖南街13号　邮政编码100011）
印　　装：大厂聚鑫印刷有限责任公司
710mm×1000mm　1/16　印张13³⁄₄　字数210千字　2020年9月北京第1版第1次印刷

购书咨询：010-64518888　　　　　　　售后服务：010-64518899
网　　址：http://www.cip.com.cn
凡购买本书，如有缺损质量问题，本社销售中心负责调换。

定　　价：59.80元　　　　　　　　　　　　　　版权所有　违者必究

序

　　从围棋发源至今，尽管有很多人下过棋，但全然相同的对局却一盘都没有，由此充分证明了围棋有无穷无尽的变化。

　　而围棋的这一特点，也成为那些急于提高自身棋力者的不利因素。在对局中，碰到自己比较熟悉的棋形时，围棋技巧的使用得心应手，而遇到自己陌生的棋形时，便很难判断出所下着法的好坏，因此越是重要的对局，越选择自己最熟悉的棋形。但只要你还下棋，就肯定会遇到自己不熟悉的棋形。这时，能否下出符合棋理的棋，可以衡量出一个人水平的高低。

　　提高自身棋力非常有效的方法之一，是通过大量实战接触更多的棋形，并将各种技巧融入实战之中。但这一方法不仅会受到时间的限制，而且还因对局者的水平不同而效果不同，因而，集中研究对局中经常出现的基本棋形及其相对应的行棋技巧、手筋更为有效。《精讲围棋对局技巧》中所列棋例，均是从韩国职业棋手或业余高手实战中精选出来的。为了方便读者阅读，作者将这些棋形以问题的形式展现出来，并且从业余棋手的认知出发，对其中的变化进行了详尽的分析。深入学习《精讲围棋对局技巧》，相信能对广大读者提高棋力有所帮助。

青董铉

2020 年 5 月

前言

围棋是中国的国粹，它能启发智力，开拓思维，是一项非常有益的修身养性的娱乐活动。成人通过学习围棋，可以培养自己良好的心境和大局观；儿童通过学习围棋，可以培养耐心，提高注意力，锻炼独立思考能力，挖掘思维潜能，对课业学习也有十分明显的帮助。

那么如何学习围棋？如何学好围棋？什么样的围棋书才能更有针对性地提升棋艺水平？

韩国棋手曹薰铉、李昌镐不仅是韩国围棋的代表人物，在国际棋界也有举足轻重的地位。我们经与曹薰铉、李昌镐本人直接接洽，使得本系列书得以顺利出版。

本系列书包括定式、布局、棋形、中盘、对局、官子、死活、手筋共 8 个主题，集曹薰铉、李昌镐成长经验和众多棋手的智慧于一体，使用了韩国职业棋手的大量一手资料，其难度贯穿了围棋入门、提高、实战和入段等各个阶段，内容覆盖了实战围棋各个方面，是非常系统且透彻的围棋自学读物。

《精讲围棋对局技巧》分类讲解了围棋进攻、防守、转换等具体作战过程中的常用下法，着重培养围棋爱好者的学习兴趣和思维方式，重视行棋感觉的培养，注重练习，强调实战。

本书由陈启承担资料翻译、整理工作，由石心平、范孙操负责稿件审校，并得到曹薰铉、李昌镐围棋研究室众多成员的大力协助，在此对他们的辛勤劳动表示诚挚的感谢。

衷心希望广大围棋爱好者能通过学习本书迅速提高棋力，并由此享受围棋带来的快乐。

编著者
2020 年 3 月

第1章

切断与补棋

问题1 ▶▶

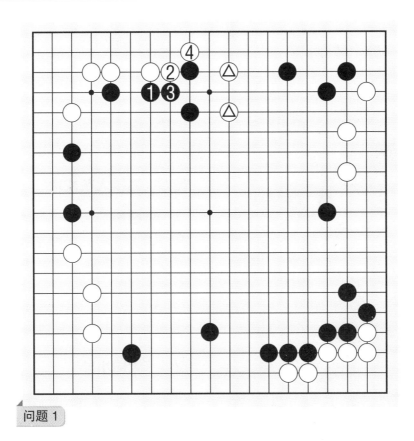

问题1

黑先。与黑棋的外势相比，白棋的实空更为明显。尤其在上边，黑1至白4，白△已处于连接状态，而左边黑棋与右边黑棋已处于受攻状态。黑棋应寻求非常手段来解决当前的难题，其手段是什么？

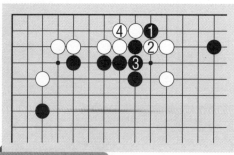

图1　盲目的抵抗

图1　盲目的抵抗

黑1扳是盲目的抵抗手段，白2打，白4接，黑棋一无所获。

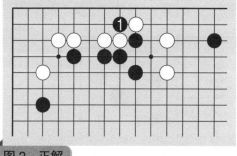

图2　正解

图2　正解

黑1断是好手，准备伺机切断白棋。

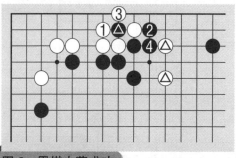

图3　黑棋大获成功

图3　黑棋大获成功

黑▲断后，白1打吃，黑2反打，黑4接，割断了白▲二子与左上角白棋的联系，黑棋大获成功。

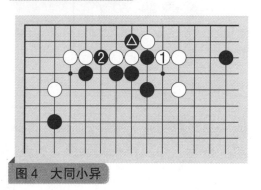

图4　大同小异

图4　大同小异

白1打，黑2打吃白棋二子，结果与图3大同小异。黑棋利用黑▲断的手段，可以挽回局面。

问题 2 ▶▶

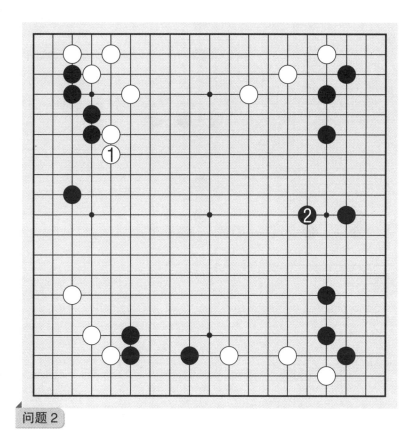

问题 2

白先。白 1 长，扩张白棋外势。黑棋在此处没有补棋而脱先，黑 2 跳，虽是扩张右边势力的要点，实际上却是黑棋贪心，左边黑棋存在致命的弱点。白棋如何下才能追击黑棋的贪心？

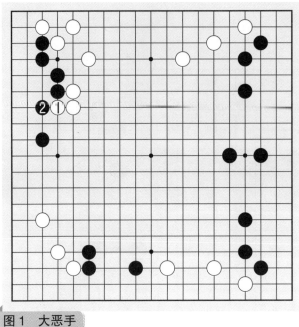

图1 大恶手

图1 大恶手

白1与黑2交换是大恶手，使黑棋消除了弱点。如果没有很明确的后续手段，就轻易定形，大部分都是恶手。

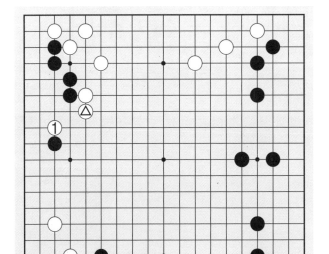

图2 正解

图2 正解

白1跨是棋形上的要点，也是正确的下法。由于黑棋在此位置有弱点，所以白△时黑棋必须补。

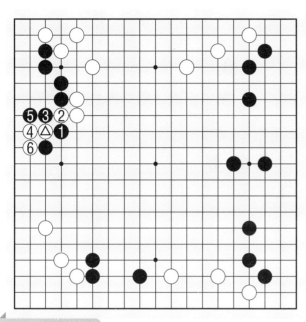

图3　黑棋难受

图3　黑棋难受

白△跨时，黑1扳、3断，试图进行抵抗，白4、6之后，黑棋很难处理。之后黑棋还须后手求活。

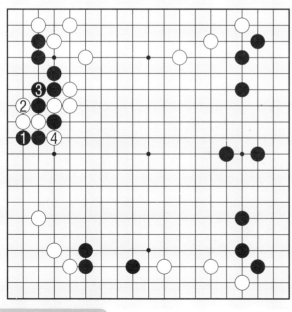

图4　无理的抵抗

图4　无理的抵抗

黑1挡，准备强吃白棋，白2先手打后，白4断，这种棋形即使白棋征子不利，黑棋也不会取得好的结果。

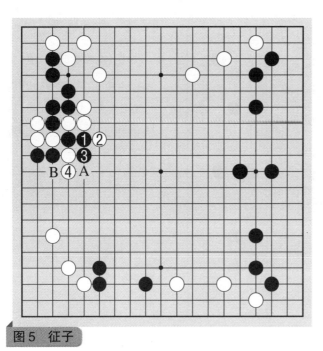

图5 征子

图5 征子

黑1跑时，白2打，其后白4长是好的次序。黑棋面临白棋A位的征子和B位的拐吃。

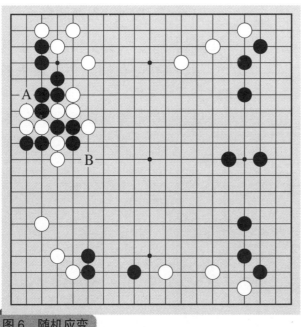

图6 随机应变

图6 随机应变

如黑在右下方有接应子，征子对白棋不利，黑在A位吃白棋时，白B封，白可以利用先手获取外势，白棋没有任何不满。

问题 3 ▶▶

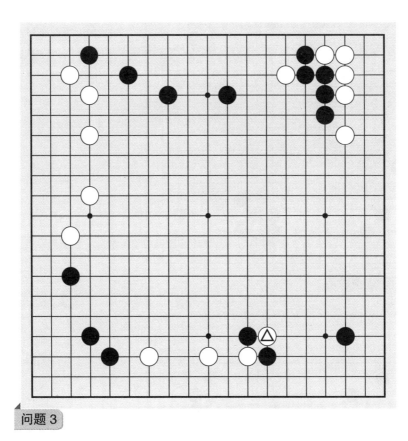

问题 3

黑先。白△断，向黑棋发起挑战。在考虑周围情况之后，黑棋最好的下法是什么？

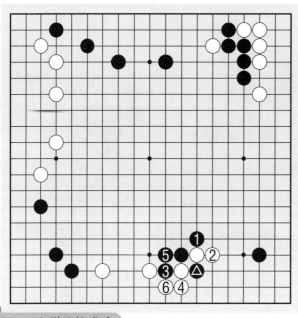

图1 白棋连接成功

图1 白棋连接成功

黑1、3打是过于偏重于心情的下法。到白6时,黑△白送,并使白棋连接成功。

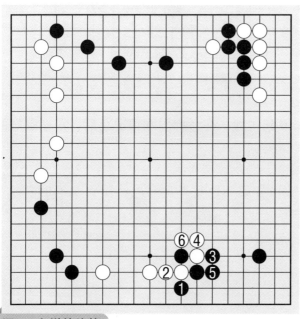

图2 白棋的外势

图2 白棋的外势

黑1、3打吃,由于会使白棋得以加强,所以下起来并不愉快。黑棋虽能确保实利,但却使白棋取得了很厚的外势,黑棋收获不大。

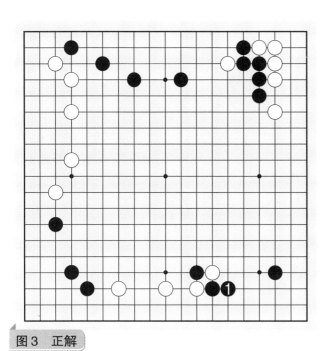

图3 正解

图 3　正解

　　黑1单长是正确的手段。当对方断时，己方并不急于打吃，而冷静地长是基本的行棋技巧。

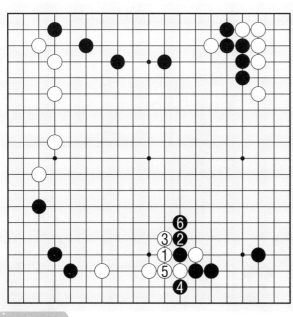

图4 俗手

图 4　俗手

　　白1打、3长是典型的俗手，到黑6为止，白棋棋形过于拥挤，反之黑棋取得了实空并形成了相当规模的外势。

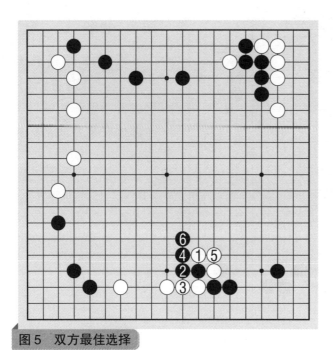

图5 双方最佳选择

图 5　双方最佳选择

　　白 1 打、 白 3 接是正确的对局方法。到黑 6 为止都是双方可以预想到的最佳选择。黑棋由于能安顿左右两侧的棋，应无不满。

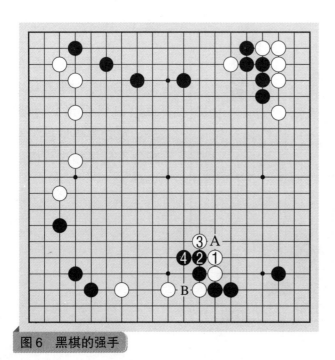

图6 黑棋的强手

图 6　黑棋的强手

　　白 1 单长，黑 2 也跟着长，白 3 扳，黑 4 弯是强硬的下法，其后白棋因有 A 位和 B 位的断点而难受。

问题 4 ▶▶

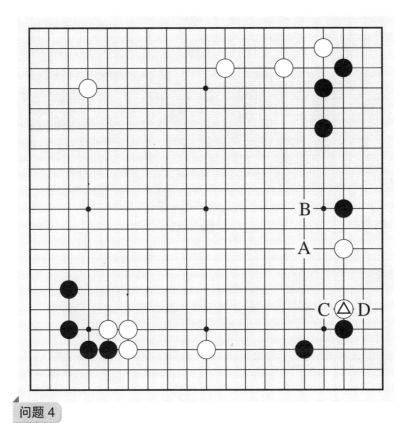

问题 4

黑先。本图是白△靠的棋形。如果白棋在 A 位单跳，被黑 B 跟着跳出，结果多少有些缺憾，所以要寻求变化。黑棋由于有很坚实的无忧角，因此即使白棋再使黑棋加固也不会有什么损害，白棋的目的是根据黑棋的应手来弹性地处理。黑棋如根据"靠必扳"的围棋格言，C 位和 D 位是首先可选择的位置，那么到底应如何下？

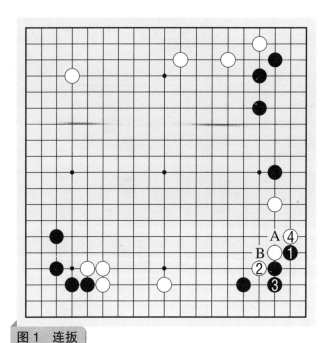

图1 连扳

图1 连扳

黑1扳，白2反扳是棋形上的要点，在A位或B位长的手段没有任何妙味可言。黑3退，白4连扳是很重要的对局技巧，意图是寻求变化整形。

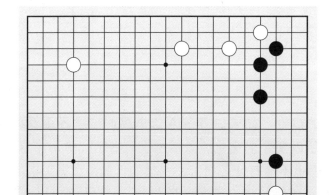

图2 黑贪小失大

图2 黑贪小失大

针对白△，黑1、3打吃白棋一子，白4冲时，黑只能A位挡，黑棋不好。应该注意的是，在进行过程中白4如先在B位打，黑C提子，白再在4位冲时，黑A可以挡住白棋。

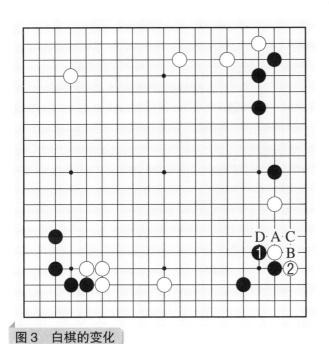

图3　白棋的变化

图3　白棋的变化

　　黑1扳住外侧时，白2反扳是行棋的要点。其后如黑A打吃，白B接，黑C挡时，白D可断，黑棋无理。

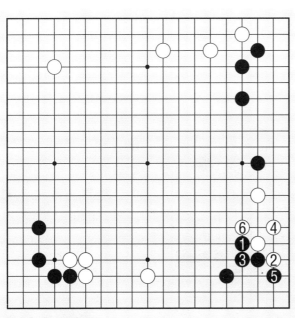

图4　白棋活形

图4　白棋活形

　　白2反扳，黑3接，白4虎，黑5挡，白6虎。由于白棋是活形，黑棋不满。

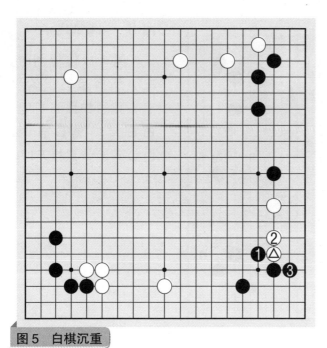

图 5 白棋沉重

图 5 白棋沉重

黑 1 扳，白 2 长是略微有点沉重的下法，黑 3 立，白棋眼位薄，应该出头。

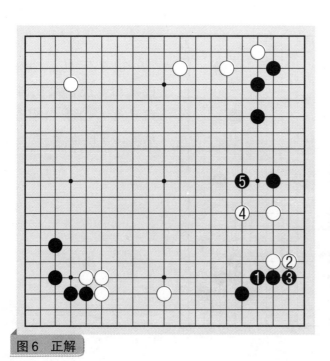

图 6 正解

图 6 正解

黑棋为了不让白棋借力，黑 1 老老实实地长是正确的下法。白 2 先手利用后，白 4 跳出，黑 5 跳，继续追攻白棋。在自己的阵营中，当对方靠过来时，应尽可能地减少变化。

问题 5 ▶▶

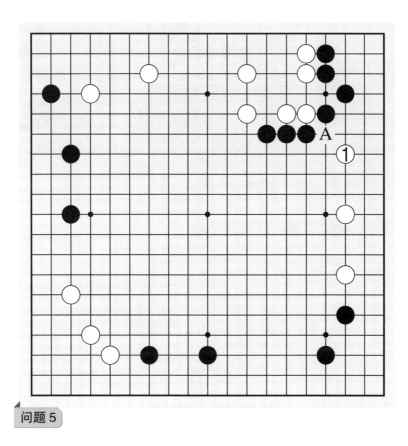

问题 5

黑先。本图是白 1 刺棋形，黑棋在 A 位单接，是没有策略的手段。黑棋应尽可能有效地补断点，而黑棋如何应对才是最好的方法？

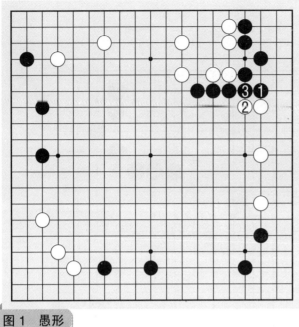

图1 愚形

图1 愚形

黑1虎，被白2先手利用后，黑棋很痛苦。黑3接，走成空三角的愚形，黑棋不好。如果黑1改为在2位虎，仍有被白在1位先手利用的手段。

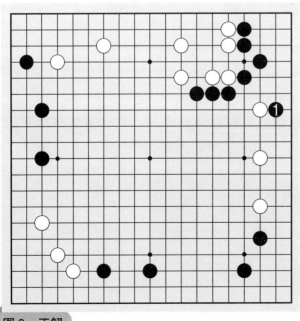

图2 正解

图2 正解

黑1托是避免出现愚形的要点。试对手应手后，再补自己的断点是灵活机动的对局技巧。

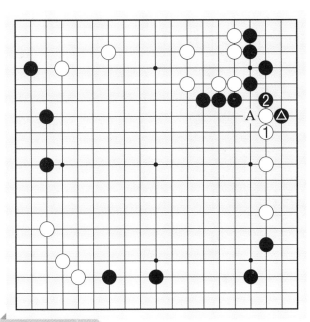

图 3 黑棋有利

图 3　黑棋有利

　　续图 2，针对黑
⚫，白 1 如果长，黑 2
连，黑棋不仅补了断
点，而且捞取了实地，
安全连接，还削弱白棋
在 A 位的利用，黑棋
结果有利。

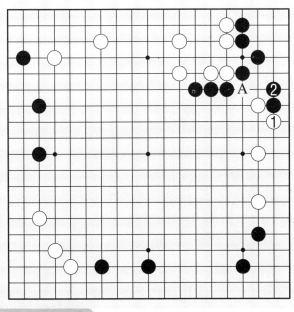

图 4 黑棋满足

图 4　黑棋满足

　　白 1 扳，黑 2 退。
黑棋不仅可以补住 A
位的断点，而且可以确
保实利，黑棋满足。

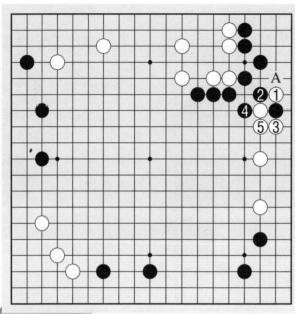

图5 黑棋先手

图5 黑棋先手

白1扳，贪图实利，至白5，白棋必须甘受后手。如没有其他大场，黑A挡也很大。

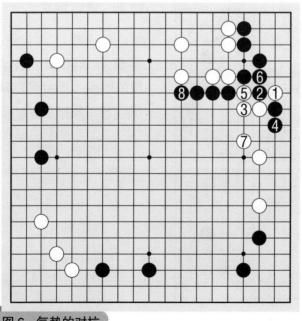

图6 气势的对抗

图6 气势的对抗

白1、黑2交换之后，白3长是强手。黑4长也是气势上的下法，白5、7分断黑棋中腹三子，黑8压，中腹黑棋出头畅，没有任何危险。

问题 6 ▶▶

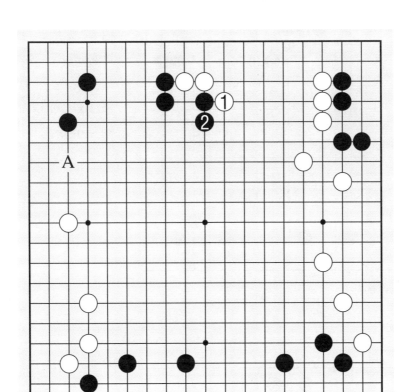

问题 6

　　白先。本图是白 1 扳、黑 2 长的棋形。现在全盘棋只有 A 位最后一个大场。白棋是脱先占据 A 位，还是补棋？如果补棋，如何下才是最正确的方法？

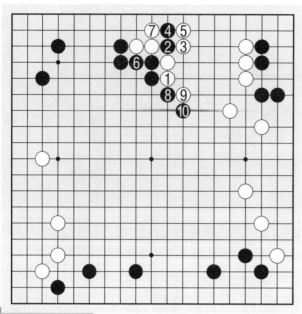

图1 错误的补

图1 错误的补

白1长意在扩张白棋实地，黑2断是绝妙选择，白棋不好。白3无余扑吃，下至黑10，可以看出白1的补不好。

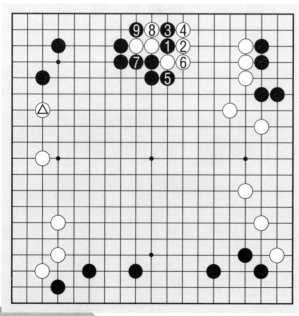

图2 消除模样

图2 消除模样

白棋脱先在△位拆时，黑1断是使白棋重复的好手。白2以下至黑9，白棋模样已被彻底消除，黑棋外势非常坚实。

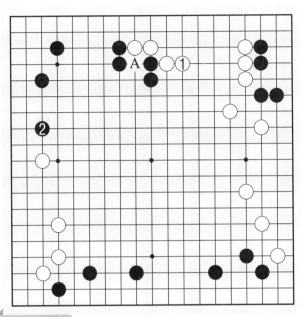

图 3　正解

图 3　正解

　　白 1 并是冷静的应手，被黑 2 拆，心情多少有点坏，但消除了被黑棋利用的手段，可避免棋形重复。其后白棋在 A 位冲断也是白棋的自豪。

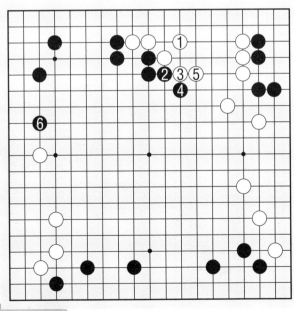

图 4　差别

图 4　差别

　　同样是补的手段，但白 1 虎不适合本图棋形。黑 2 当即拐，以下至白 5，上边白地已被大幅度消减，黑 6 拆，黑棋有利。

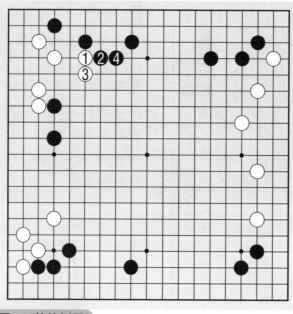

图 5　其他例子

图 5　其他例子

这是职业棋手在实战中出现的棋形，白1靠，黑2扳，白3长，黑4长是冷静的好手，不仅可以呼应左边黑棋二子，而且还可以在构筑上边黑地的过程中发挥很大的影响力。

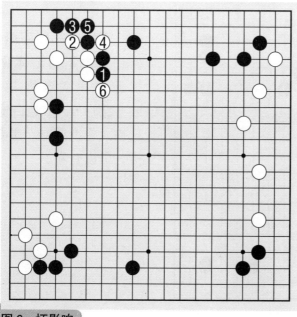

图 6　坏影响

图 6　坏影响

黑1长意在扩张自身的势力。白2虎后，黑棋下一步已很难应对。如在5位立则过于屈服，如在3位挡，被白4、6后，会对左边黑二子产生坏的影响。

问题 7 ▶▶

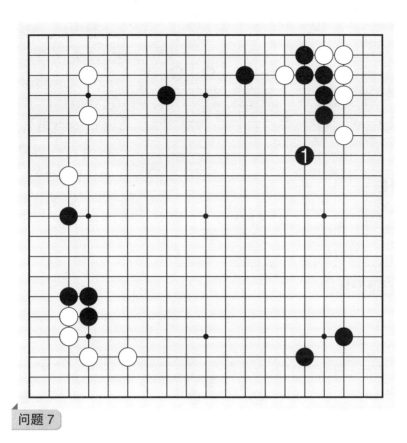

问题 7

　　白先。本图是黑 1 飞扩张上边黑棋的棋形。现在布局即将结束，大场还剩下几处，白棋是否要脱先占据大场？如果要应对黑 1，需采取什么下法？

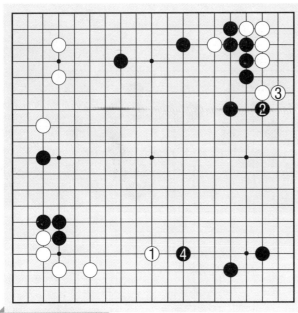

图1 利用的价值

图1 利用的价值

白1脱先在下边占据大场。黑棋当即在2位先手靠。这一手的价值要比白1拆大,其理由是白棋向右边出头的路已被先手堵住,右边的价值要比下边的价值更大。白3立,黑4大飞,黑棋掌握了主动权。

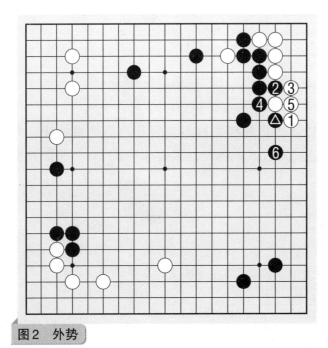

图2 外势

图2 外势

针对黑△靠,白1扳,试图出头,黑2以下至黑6,结果黑棋具备了很坚实的外势。

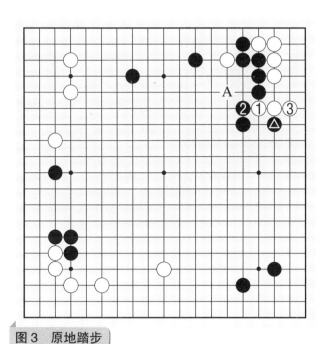

图3 原地踏步

图3 原地踏步

黑△靠，白1长的下法虽然能瞄着A位的弱点，但被黑2挡，白3只能立。白1、黑2的交换并没有占到便宜。

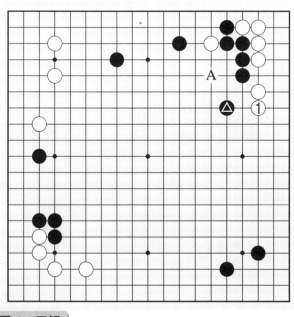

图4 正解

图4 正解

针对黑△，白1并是冷静的好手。白1对右边的影响力很大，将来白棋在A位跳也可以欺负黑棋。

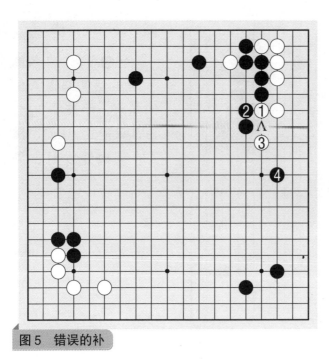

图5 错误的补

图5 错误的补

同样是补的手段，白1、3是典型的守空的俗手。黑4拆时，白棋应对很困难，黑A断的强手是可以成立的。

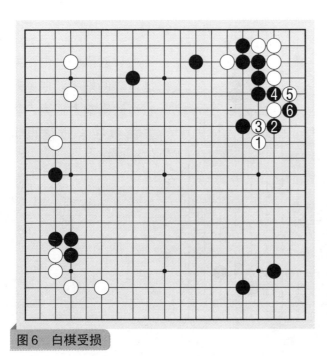

图6 白棋受损

图6 白棋受损

白1飞，试图出头则过分。黑2跨断是追攻白棋无理的手筋。以下到黑6是正确的次序，结果白棋受损。

问题 8 ▶▶

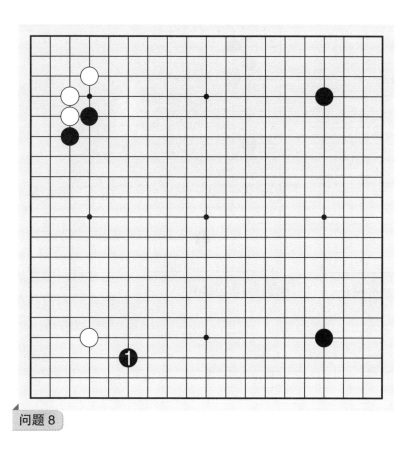

问题 8

白先。黑棋脱先在左下角低挂。黑 1 是最大限度地发挥棋子效率的下法，根据白棋的应手，决定全然不同的后续下法。那么黑 1 包含了什么内容？以后的手段又是什么？

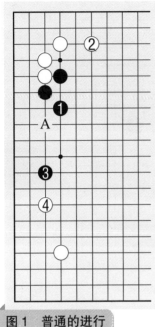

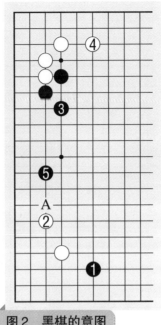

图1 普通的进行

图2 黑棋的意图

图1 普通的进行

在左上角托退定式中，黑1虎，白2跳，黑3拆是普通的进行。白4大飞是准备在A位打入的绝好点，所以黑棋采用了问题图中的变化。

图2 黑棋的意图

黑1挂是命令白2补角的下法。黑3虎，黑5拆。白2的位置相比A位对打入的威胁小黑棋效率高。

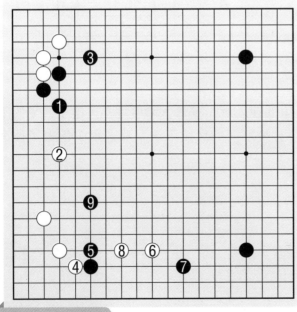

图3 白棋的反击

图3 白棋的反击

黑1虎，白2是与黑棋意图相左的反击手段，但是黑3以下至黑9都是预想的进行。白2由于飞得太大，左边太虚，很难取得好的结果。

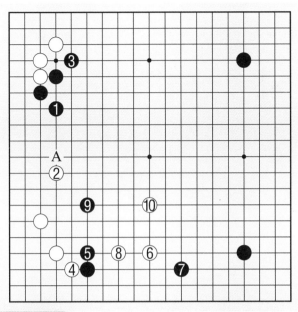

图4 正解

图4 正解

黑1时，白2飞是正确的方法。黑3以下至黑9是与图3同样的进行，但白2比白A坚实，到白10为止，可以展开战斗。双方均好。

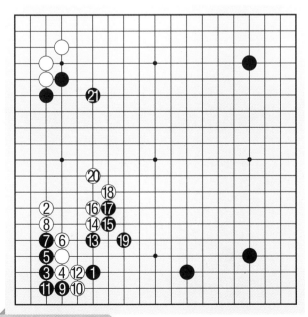

图5 黑棋步调快

图5 黑棋步调快

黑1时，白2大飞，希望左边下成图1的棋形，黑3点三三是好手。以下至黑19，黑棋先手处理干净两块棋，黑21转身，黑棋步调快。

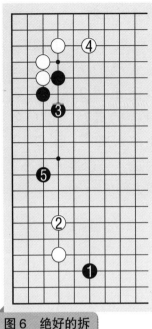

图6 绝好的拆

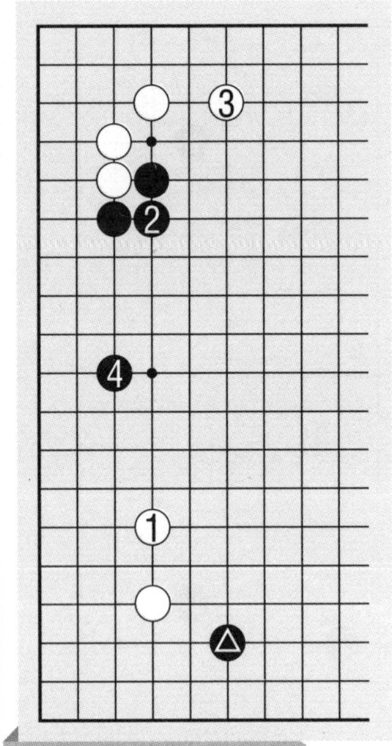

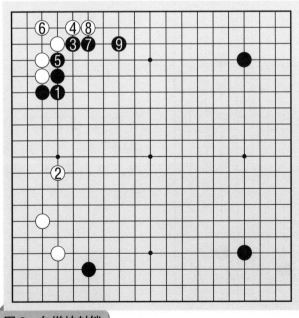

图7 在气势上落后

图6 绝好的拆

黑1时，白2跳，黑3虎，白4跳，黑5拆是绝好点，白棋不好。白棋左下角空虚，尚需费心。

图7 在气势上落后

白1时，黑2接，到黑4为止，黑棋未能实现黑▲的意图，黑棋在气势上落后。

图8 白棋被封锁

图8 白棋被封锁

黑1时，白2大飞不好。黑3的靠是这种情形下常用的封锁手段。至黑9为止，黑棋严密封锁白棋，白棋不满。

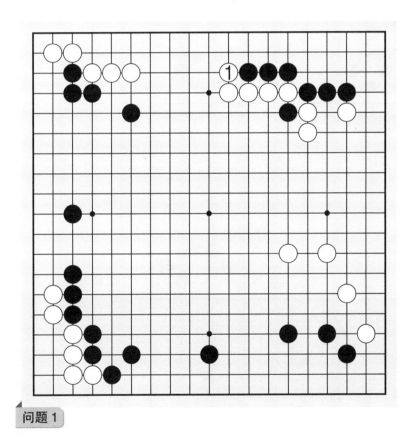
...

第2章

出头与封锁

问题 1 ▶▶

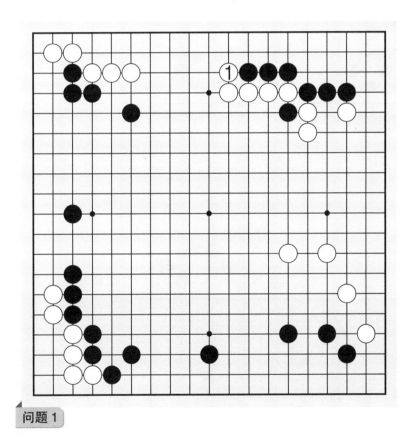

问题 1

　　黑先。白1挡时，右上角的黑棋向边上出头已成为问题，如果考虑过于简单很容易犯错误。黑棋应寻求最有效的出头方法，如何下才正确？

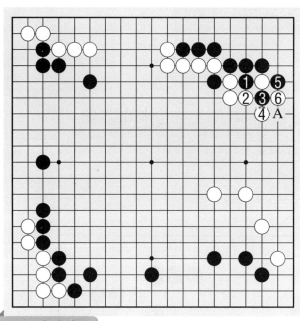

图1 出头被阻

图1 出头被阻

黑1冲、3断，被
白2挡、4打后，黑5
吃子，黑棋收获不大。
白棋可在A位立或在6
位造劫。

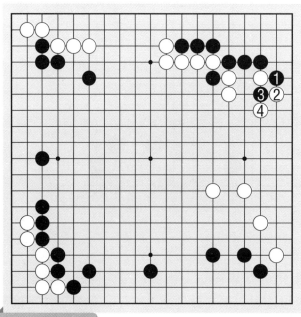

图2 走投无路

图2 走投无路

黑1扳，但被白
2反扳、白4反打后，
黑棋已走投无路。

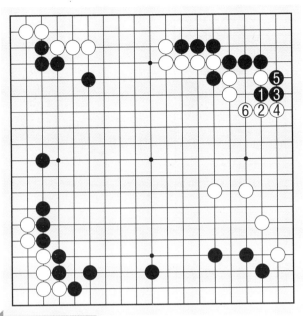

图 3　黑棋失败

图 3　黑棋失败

黑 1 夹的手段虽然也可以考虑，但是有白 2 反夹的手段，出头仍不容易。弈至白 6，黑棋出头仍然失败。

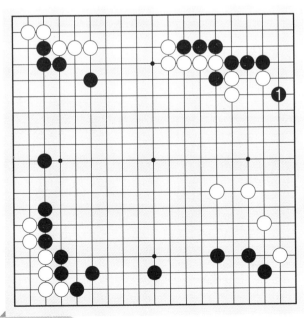

图 4　正解

图 4　正解

黑 1 在二线上点，是黑棋出头的正确方法。在这种棋形中，黑 1 不易被考虑到，但是这种下法我们应记住，对今后下棋很有用。

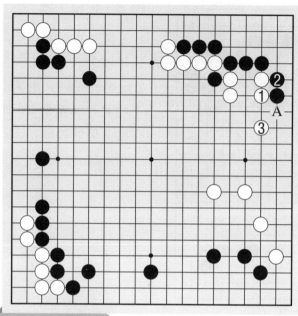

图5 大幅度侵消

图5 大幅度侵消

白1退是无可奈何的手段。黑2渡过，白棋不能在A位挡，很痛苦。白3无奈退，被大幅度侵消。

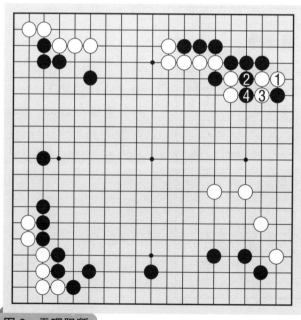

图6 无理阻断

图6 无理阻断

白1挡的手段不成立。黑2、4冲，情况将会突变，白1这手棋将会成为败着。

问题 2 ▶▶

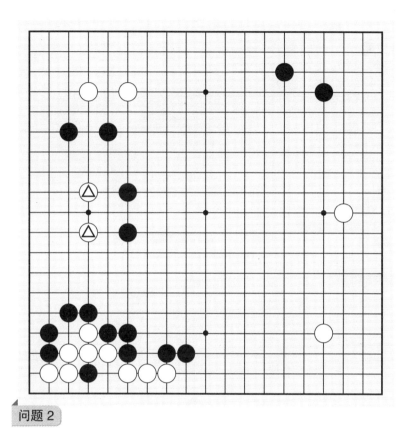

问题 2

白先。现在的问题是白棋如何处理白△二子。如果这里全部变成黑空，白棋就再无回天之力了。下边的黑棋势力虽很强大，但围攻白△的黑棋并不足够强大，白棋仍有可能化解，其方法是什么？

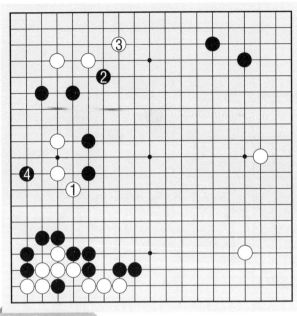

图1 违背棋理

图1　违背棋理

白1尖违背了不要过于靠近对方外势的棋理。黑2先手利用后，黑4破白棋的眼位。白棋非常难受。

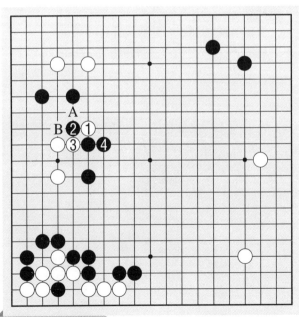

图2 强烈的反击

图2　强烈的反击

白1靠也是一种形，但是被黑2扳住，白3断，黑4长，黑棋猛烈反击，白棋的下一步棋非常难下。如白A打吃，黑B可以对抗。

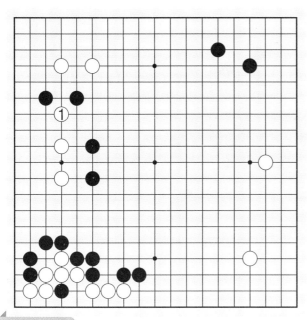

图3　正解

图3　正解

白1刺是必不可少的次序，可以根据对方的应手，弹性处理自己的棋形。

随

图3　正解

图4　逃跑成功

图4白△刺，黑1接，白2靠是好手。黑3扳，白4长，白棋已逃跑成功。

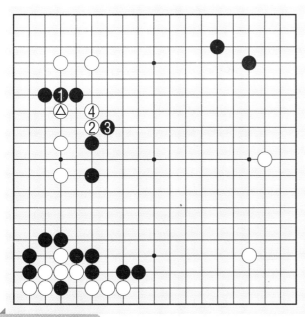
图4　逃跑成功

第2章 出头与封锁

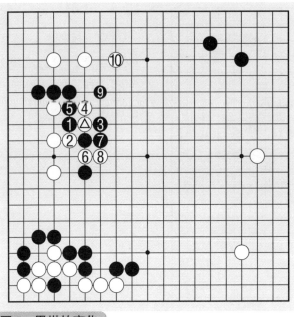

图5　黑棋的变化

图5　黑棋的变化

白△靠，黑1扳是黑棋的反击。但是白2断，黑3打吃，白4长是行棋要领，到白8为止，白棋已成功出头。黑9枷吃，白10补棋即可。

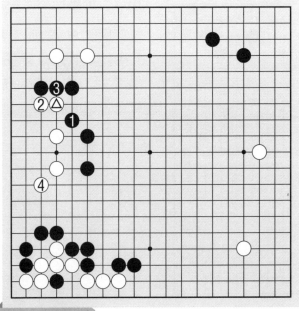

图6　自我安定

图6　自我安定

白△刺时，黑1是阻止白棋出头的要点，但是白2挡，白4尖，可以轻易使自身获取安定。

问题 3 ▶▶

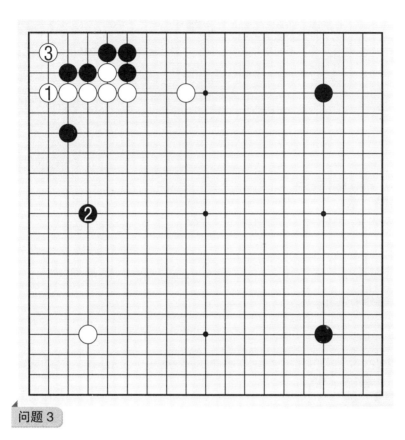

问题 3

黑先。这是星定式中出现的棋形。白1立，黑棋脱先，在2位展开，其后白3破黑棋根地，是非常具有气势的一手棋。现在只有根据上边的处理来决定棋局是否有利。黑棋恰当的处理方法是什么？

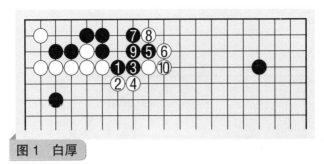

图1　白厚

图1　白厚

黑1扳，被白2堵住，黑棋很难取得好的结果。其后黑3、5、7整形，以下到白10为止，黑棋被白棋封住。

图2　黑棋处于低位

图2　黑棋处于低位

黑1拆也很难取得好的结果。白2、4、6将黑棋压在低位，黑棋不满。

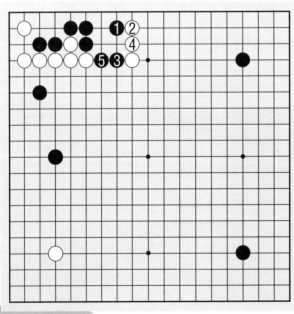

图3　过于急躁

图3　过于急躁

黑1单跳是好手。白2靠以阻止黑棋出头，但由于白棋受棋形的束缚，这手棋显得过于急躁。黑3、5分断白棋，并向中腹挺头，黑棋形势好。

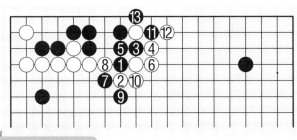

图 4　白棋不满

图 4　白棋不满

黑 1 时，白 2 扳，黑 3 挖是好手。白 4、6 最大限度地抵抗，至黑 9 为止，白棋棋形上有弱点。到黑 13 时，黑棋已经做活，结果是白棋不满。

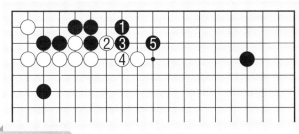

图 5　正解

图 5　正解

黑 1 时，白 2 扳问黑棋的应手是白棋的最佳对策。黑 3、白 4 交换后，到黑 5 为止都是必然的次序。

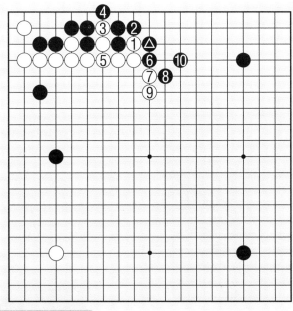

图 6　气势不足

图 6　气势不足

黑⬤时，白 1 挖，黑 2 挡，以下到白 5 定形是好次序。其后黑 6 挺头，白 7、黑 8 是绝对的次序，白 9 退则显出白棋气势不足，黑 10 虎，黑棋已具备了很厚的模样。

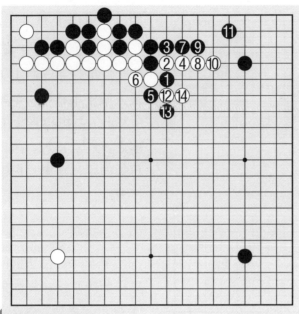

图7 双方满意

图7 双方满意

黑1时，白2断是绝对的一手棋。其后黑棋由于有断点，以下至黑11为止，黑棋连接是最佳的选择。至白14，白棋也利用对方的弱点，完善了棋形。结果是双方均比较满意。

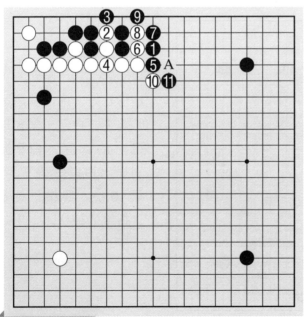

图8 次序错误

图8 次序错误

黑1时，白棋不在6位冲，而是白2、4定形，则次序错误。白6冲时，黑7立引人注目。白8打吃，黑9连接，以下到黑11为止，黑好。白棋在A位的断不成立，白棋不满。

问题 4 ▶▶

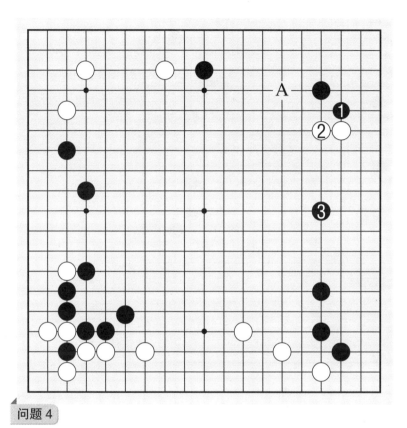

问题 4

白先。白棋飞挂，黑 1 尖顶，白 2 长，这是实战中经常使用的手段。此时黑棋一般会在 A 位补，但是本图中却是黑 3 拆，面对黑棋的贪心，白棋应如何应对？

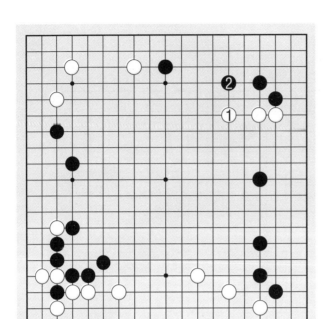

图1　白棋浮棋

图1　白棋浮棋

白1跳，黑2很自然地守，白1这手棋使对方的空很自然地得以巩固，这手棋过于屈服。此后白棋三子由于无根，会像浮萍一样到处漂泊。

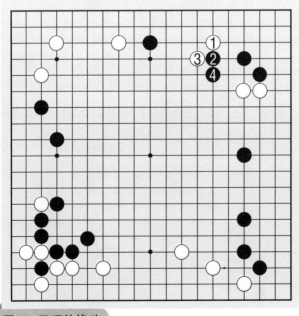

图2　无理的战斗

图2　无理的战斗

白1打入的手段虽然也可考虑，但被黑2、4分割之后，很明显白棋战斗无理。上下两块白棋任何一块都不能忽视。

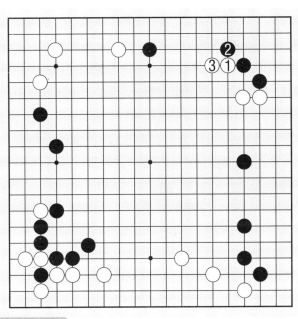

图 3　正解

图 3　正解

白 1 靠是攻击黑棋薄弱环节的要点，也是正确的手段，由于有了这一手，黑棋应在角上补一手棋。

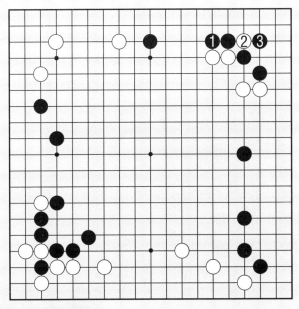

图 4　断的要领

图 4　断的要领

黑 1 长，白 2 断是利用弃子的对局方法。黑 3 无奈只好打吃白棋一子。

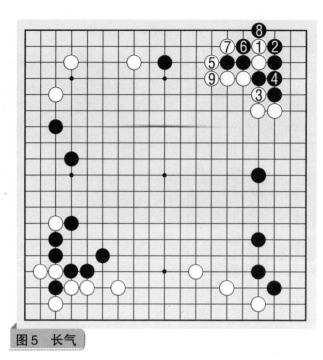

图5 长气

图5 长气

续图4，白1长气是正确的对局方法。其后白3至白9，白棋弃掉二子，而取得了外势，结果白棋满足。

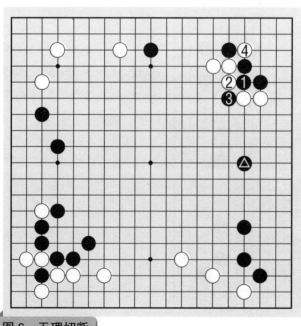

图6 无理切断

图6 无理切断

黑1接，走成空三角，黑3断，被白4反断，结果可以证明黑△是无理手，在角上补棋才是正确的方法。

第3章

侵消及其应对

问题1 ▶▶

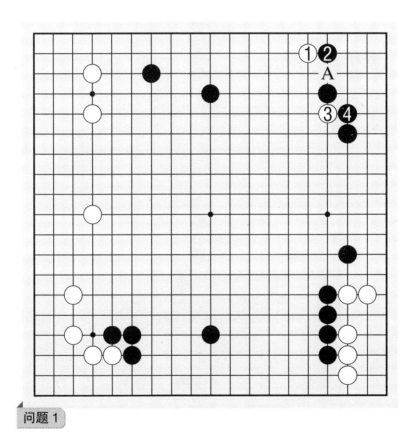

问题 1

　　白先。针对上边黑阵，白1下潜是常用的渗透手段。黑2挡，占据实空，这一手棋一般情况会下在A位。白3、黑4交换后，白棋究竟如何走才能最大限度地发挥棋子的效率？

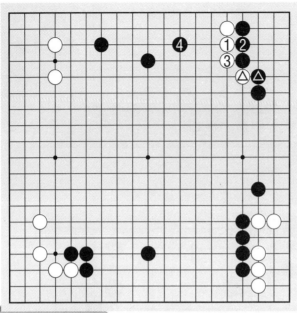

图1 猛烈的攻击

白△与黑△交换后，白1长不能充分发挥已有棋子的作用。白1、3连，黑4飞，白棋将会受到黑棋猛烈的攻击，白棋不满。

图1 猛烈的攻击

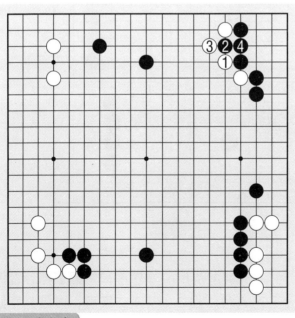

图2 有断点

白1扳，黑2、4挖接，白棋到处都是断点，白棋不好。

图2 有断点

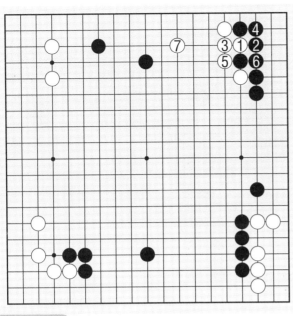

图3 正解

白1挖是正确的手段，既然对方势力如此强大，白棋就应寻求变化。白1挖，黑2打是重视实空的手段，白3、5最大限度地先手利用之后，白7拆，结果黑棋不满。

图3 正解

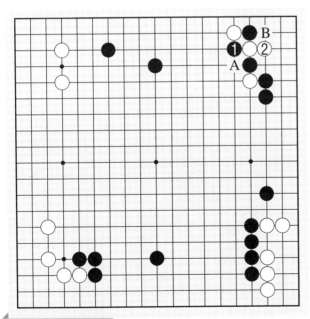

图4 黑棋的反击

黑1从外侧打吃，虽然是强有力的反击手段，但白2长，伺机进攻黑棋A位和B位的弱点，白棋没有任何困难。

图4 黑棋的反击

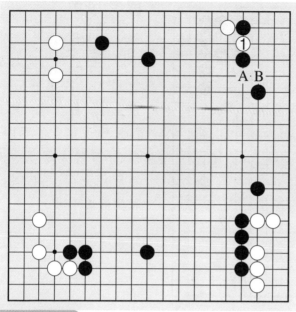

图5　直接挖

图5　直接挖

白A、黑B不做交换，而是直接白1挖，这种手段经常在实战中出现。问题的焦点是白1挖的后续手段，不过应该记住这种挖的手段是行棋的要点。

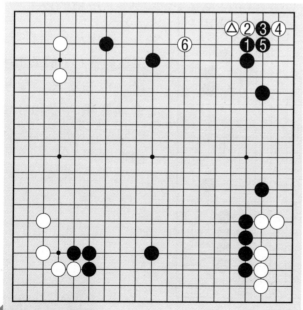

图6　防止被挖

图6　防止被挖

对付白△的潜入，黑1长是普通的对局方法。黑1的意思是防止被白棋挖，并且不留有变化的余地。白2至白6是很容易出现的变化图，对白棋的攻击将成为第一个胜负焦点。对局过程中黑5接是冷静的下法。

问题 2 ▶▶

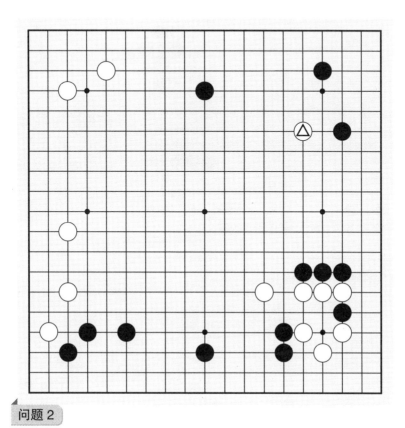

问题 2

黑先。在黑棋小目大飞缔角并向两边展开的棋形中，白△是消黑棋的要点。黑棋如何应才是最好的手段？在这种情形下，黑棋要使对方走重，而白棋要让自己走轻。因此，下一步黑棋应下在什么地方？

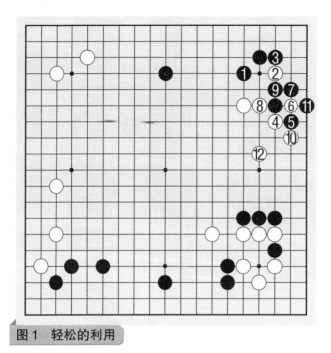

图1 轻松的利用

图1 轻松的利用

黑1尖的目的是不给对方任何变化的余地，是猛攻对方的手段，但白2是棋形的要点，白2利用后，白4靠即已轻易化解攻击。黑5至白12都是常用的次序，白棋棋形活跃。

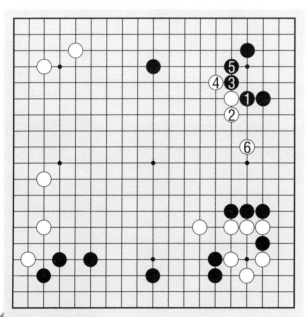

图2 追求实利

图2 追求实利

黑1顶是黑棋追求实利时常用的手段。白棋可在2位或3位长，但在这里白2长是正确的方法。以下至白6，黑棋虽然得到了实利，但白棋也轻易破坏了黑棋在右边的发展潜力，白棋成功。

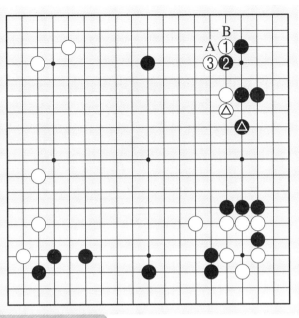

图 3　白棋的强手

图 3　白棋的强手

白△长，黑△单跳是试图与下方黑棋取得联络的手段，但是白 1 是针对黑△的强手，黑 2 扳，白 3 反扳。其后黑 A 断打，白 B 长，双方可以一战。

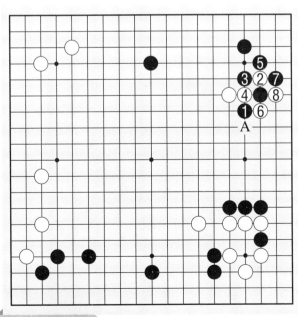

图 4　白棋无理　❾＝②

图 4　白棋无理

黑 1 尖是有力的攻击方法。白 2 靠被黑 3 扳住，白棋无理。弈至黑 9，白棋在 A 位征子不成立，白棋下一步缺乏对应的手段。

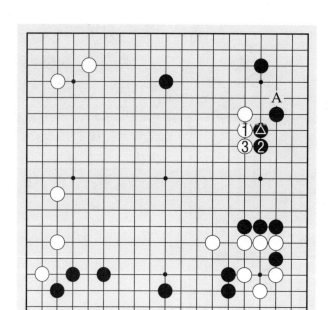

图5　白棋的余地

图5　白棋的余地

黑△尖后，白棋并不匆忙应战，而是稳健地在白1、3位压，这是好手。在这种情形下，不慌不忙冷静地下棋是非常好的手段，下一步棋可以瞄着A位的靠。

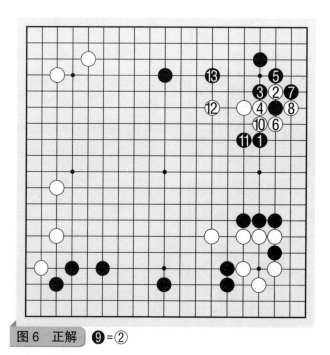

图6　正解　❾=②

图6　正解

在此情形下，黑1飞是正确的。白2靠，以下黑3至黑13，黑棋地盘得以巩固，并且可以继续攻击白棋，应是满意的棋形，白棋消减了黑棋的地盘，并向中腹出头，也十分满意。

问题 3 ▶▶

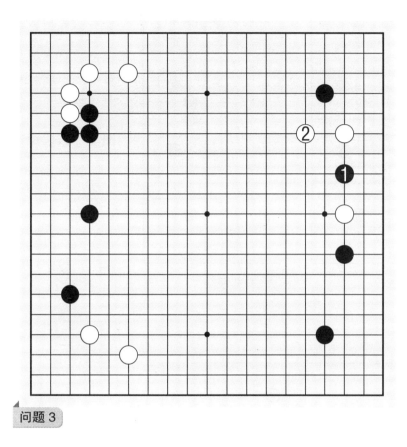

问题 3

黑先。这是黑棋二连星布局中的棋形。黑 1 是常用的试应手，是弃子整形的高级战术，白 2 跳，请问黑棋如何处理最妥当？

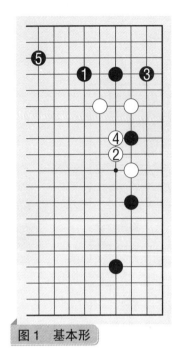

图1 基本形

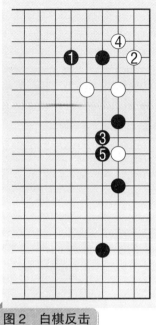

图2 白棋反击

图1 基本形

黑1跳，白2尖，黑3补角是最普通的方法。白4补，黑5完善黑棋棋形，这是定式基本形。

图2 白棋反击

黑1跳时，白2飞角是白棋的反击手段，黑3、白4、黑5都是双方具有气势的进行，白棋要挽回右边的损失，攻击黑棋角上二子是关键。

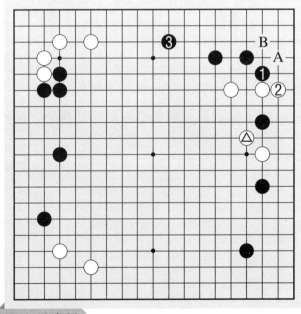

图3 有负担

图3 有负担

白△时，黑棋不在A位补，而是黑1尖顶，进行至黑3时，B位的点角已成为黑棋的负担，黑棋不好下。同样是后手，图1的进行更普遍。

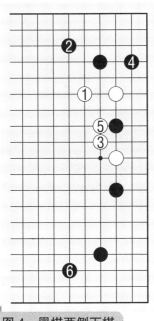

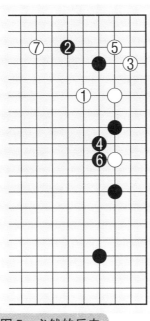

图4 黑棋两侧下棋　　图5 必然的反击

图4 黑棋两侧下棋

白1时，黑2飞也是可以考虑的手段。进行至白5，黑棋得到先手。黑6占据好点。与图1相比，黑棋结果有利。

图5 必然的反击

黑2时，白3是必然的手段，也是好手。黑4至黑6都是预想的进程，白7夹攻很严厉。与图2中的黑1相比，黑棋行棋更为不易。

图6 黑棋的意图

白1时，黑2跳是黑棋经过深思熟虑的一手棋，也是很有意思的一手棋，白3、5吃住黑棋一子。下至黑6又还原成图4，黑棋形势当然好，黑2时，白棋应寻求其他手段。

图6 黑棋的意图

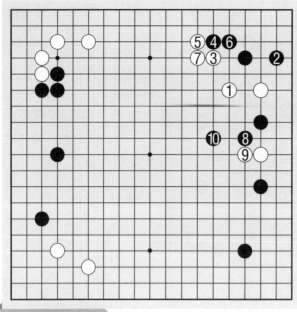

图7 必然的战斗

图7 必然的战斗

黑2时，白3是阻断黑棋出头的必然手段，黑4托、6退，先手定形，黑8尖，白9长，黑10跳，都是必然的战斗。

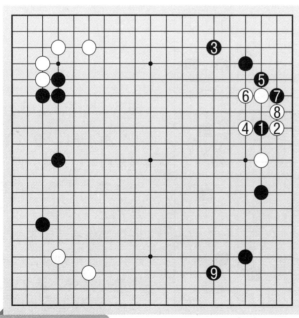

图8 白棋步调慢

图8 白棋步调慢

回到问题图，黑1时，白2托也曾是流行一时的下法。黑3以下至黑7，都是常用的定式，白棋很厚，但缺点是步调慢。到黑9为止，黑棋已将两侧黑棋都处理干净，黑棋的步调快。

问题 4 ▶▶

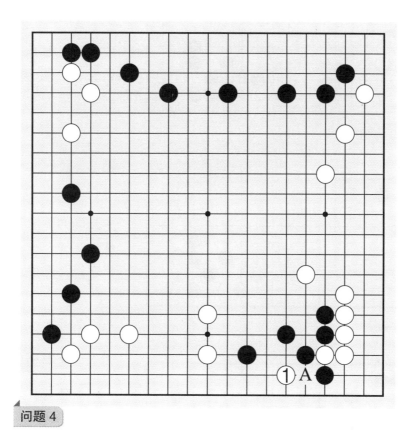

问题 4

黑先。本图是白 1 点的棋形。白棋的目的是破黑棋的眼位，而让黑棋像浮萍一样无根。黑棋是否应该在白 1 后于 A 位接？白棋最佳的对策是什么？

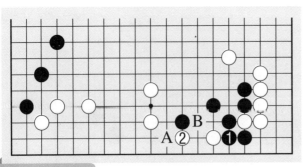

图1　黑棋浮棋

图1　黑棋浮棋

黑1接过于沉重，白2托，黑棋免不了成浮棋。其后黑A断，白B虎，黑棋缺少下一步应手。

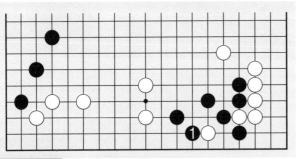

图2　正解

图2　正解

黑1尖顶是本图中正确的下法。黑棋即使被吃掉一子，也应将棋走轻，这很重要。

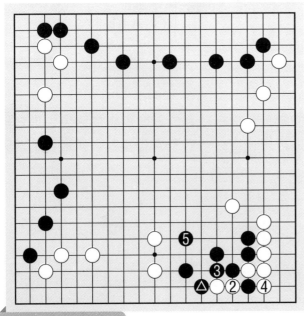

图3　化解后的棋形

图3　化解后的棋形

黑△尖顶，白2只好断。黑3先手利用后，黑5跳出是好形。在对方试应手时，做出果敢判断是很必要的。

问题 5 ▶▶

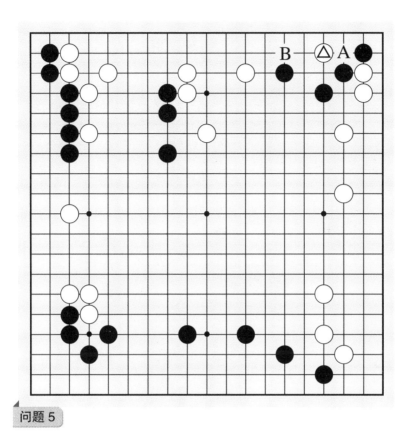

问题 5

黑先。这是星定式中经常出现的棋形。白▲点时，黑 A 接，白 B 渡，黑棋全部受攻。在这种棋形形成之前，黑棋须补才能安全，黑棋可以预测这种情形并做出准备的手段。黑棋由于征子有利，可利用角的特殊性来整形，黑棋的下一步棋应下在哪里？

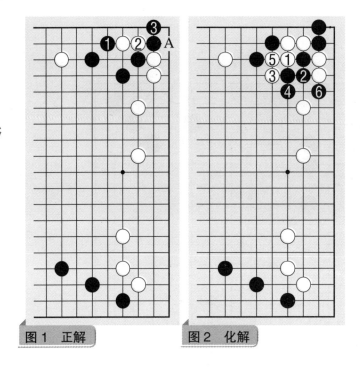

图1　正解

图2　化解

图1　正解

黑1尖顶是形状上的要点。白2断时，黑3立是利用角的特殊性的棋筋。黑3如下在A位，手段虽然和黑3很相似，但被白棋下在3位，则黑不成立。

图2　化解

白1打吃，白3扳，但黑4走成空三角是好手，白5只好接，黑6扳头，吃白棋二子即可安定。

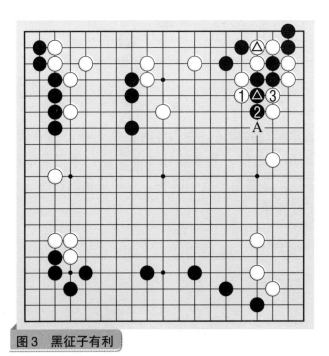

图3　黑征子有利

图3　黑征子有利

黑△走成空三角时，白1长、3挡是白棋最强硬的下法。但是由于黑棋征子有利，所以白1、3的手段不成立。如果征子对黑棋不利，白△则是很严厉的手段，黑棋很难应对，必须先补。

问题 6 ▶▶

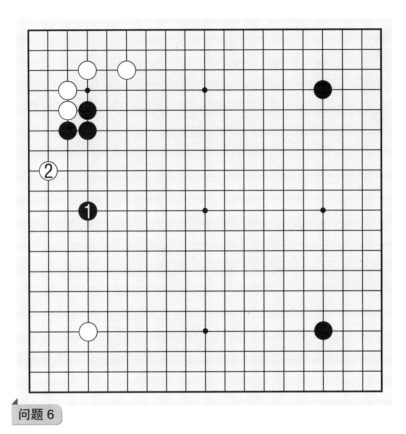

问题 6

黑先。黑 1 立二拆三是根据拆的原则而下的棋，并与右边的二连星形成呼应。黑 1 拆三后，白 2 立即打入，来观察黑棋的应手，这是实战中经常出现的棋形。黑棋的应对方法是什么？

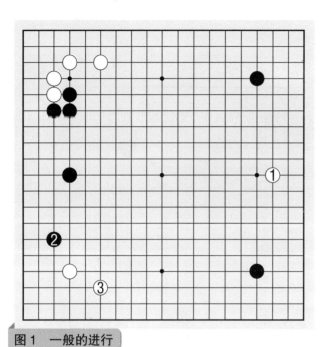

图1 一般的进行

图1 一般的进行

白1在右边分投，是牵制黑棋外势的一般手段。其后黑2是拆和挂兼备的绝好点。到白3为止，是实战中经常出现的棋形。

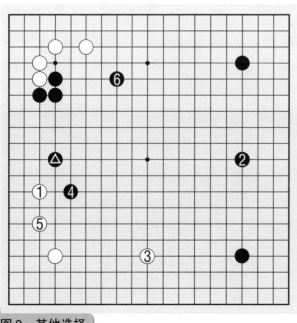

图2 其他选择

图2 其他选择

白1超大飞，针对黑△拆，再伺机打入，这是实战中经常出现的棋形。其后黑2扩张势力，白3以下至黑6，都是基本的进行。

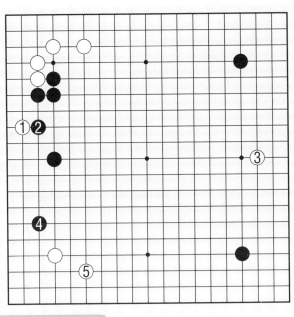

图3　白棋的意图

图3　白棋的意图

白1打入，黑2压，白3分投。其后黑4扩张左边黑棋，但由于白棋有向角上渡的手段，黑棋价值不大。进行至白5时，与图1相比，白棋棋形活跃。

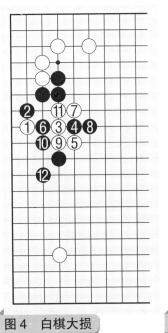

图4　白棋大损

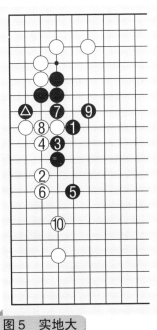

图5　实地大

图4　白棋大损

白1时，黑2阻渡，白3时，黑4压，白5扳不好，下至黑12，白棋大损。

图5　实地大

黑1时，白2是好手。其后黑棋下至黑9扩张外势，到白10为止，白棋获取了相当大的实地。结果黑▲未取得实效。

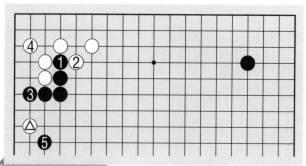

图6　机敏的利用

图6　机敏的利用

白△时，黑1问白棋的应手，是机敏的手段。白2补断点，黑3立是先手，黑5控制白棋一子，黑棋满足。

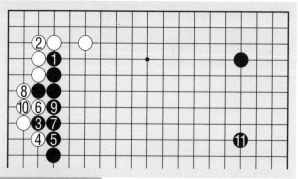

图7　强大的外势

图7　强大的外势

黑1时，白2接是正确的手法。黑3阻止白棋向中腹出头是好手。白4以下到白10，白棋定形，到黑11时，黑棋外势宏大。

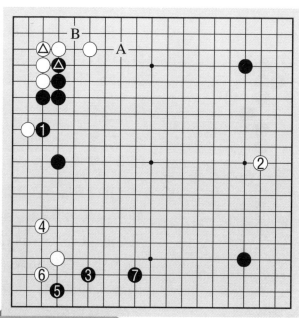

图8　双方最佳选择

图8　双方最佳选择

黑1压时，白2分投。黑棋扩张下边是正确的方法，到黑7时都是双方最佳的结果。黑▲与白△交换后，在A位逼和在B位点都是黑棋的权利。

问题 7 ▶▶

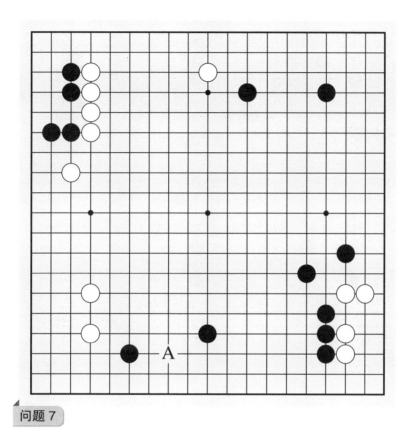

问题 7

白先。这是二连星的布局中派生出的棋形，在实战中经常出现。现在对局的焦点是黑棋模样中的 A 位打入，白棋是否应立即打入？如何下最好？

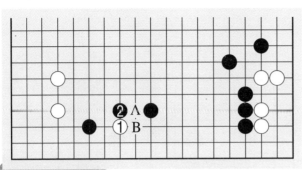

图1　打入的要点

图1　打入的要点

白1是常用的打入手段，黑2压，其后白棋的常用手段是A位或B位。白棋的下法，将决定白棋的好坏。

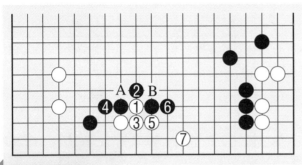

图2　有断点

图2　有断点

白1是使对方棋形产生断点而处理自己时常用的方法。黑2打，白3至白7，白棋使黑棋产生了A位和B位的断点，白棋大获成功。

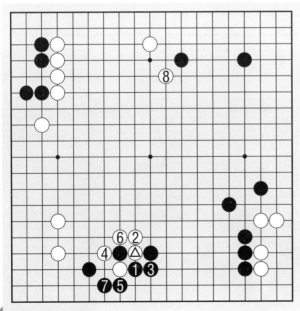

图3　劫的影响

图3　劫的影响

白△时，黑1是必然的反击手段。白2时，黑3是大失手。白4、6提子，由于有打劫的手段，黑7不可避免地补。白棋脱先在8位飞，形势对白棋有利。

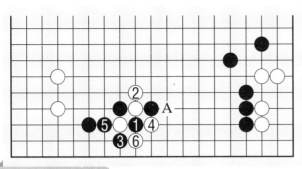

图4 正确的方向

图4 正确的方向

白2时，黑3打吃是正确的方向。到白6为止，白棋尽管最大限度地利用打的手段，但由于A位的征子不成立，白棋不行。

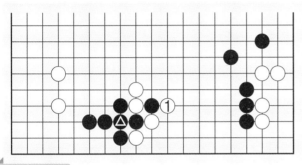

图5 差别

图5 差别

续图4，黑⚫接，右边一子被白棋吃住，情况就会逆转。图2中，白1挖的手段成立与否将决定双方的成败。

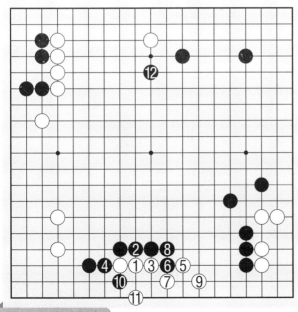

图6 扩张的要点

图6 扩张的要点

白1长，黑2以下到白11都是双方预想的应对方法。其中，黑6挖和白9虎，都是值得牢记的次序。但黑12先手镇，扩张右上，黑棋成功。

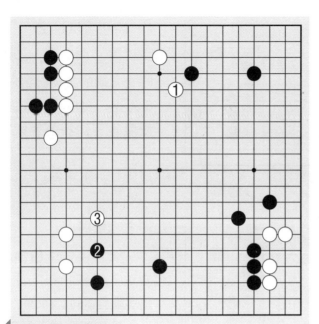

图7　扩张的时机

图7　扩张的时机

白1飞是扩张势力的正确作战方法。黑棋同样也在下边发展。至白3时是双方必然的进行，这种结果是黑棋与白棋同时具备外势与实地，相互抗衡的局面。

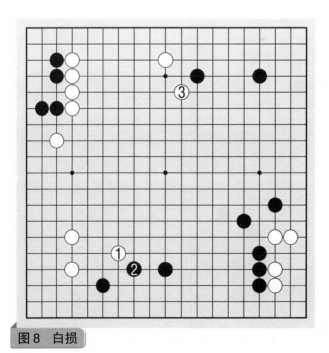

图8　白损

图8　白损

白棋如顾忌图7的情形，而于本图1位大飞来牵制黑棋，黑2时，白3再来扩张外势会如何呢？由于黑2已使下边黑棋形成完整的空，白棋受损。

问题 8 ▶▶

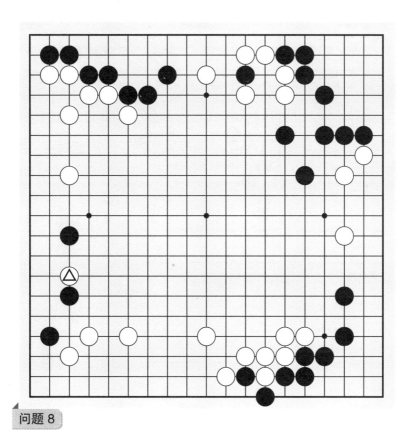

问题 8

黑先。在黑棋的实地与白棋的外势相抗衡的局面中，白△靠以观察情况的变化。黑棋应慎重行棋，要正确把握白棋的意图，再决定下一手棋。如按照对方的意图下棋则会无任何妙味可言。

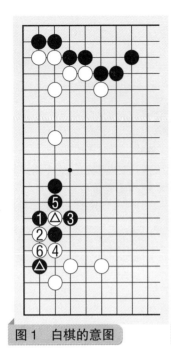

图1　白棋的意图　　　图2　黑棋被分断

图1　白棋的意图

白棋希望黑1扳，而白2断。结果是白棋牺牲白△一子，而将黑△一子归为己有。

图2　黑棋被分断

针对白1的断，黑2打吃，白3、5削弱了黑△一子的影响力。这样，黑棋虽能分断白棋，但以后白棋在A位挡，黑棋眼位不全，白棋成功。

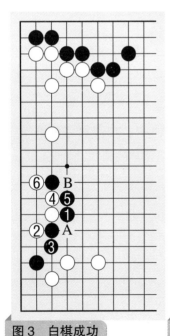

图3　白棋成功

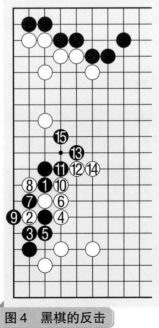

图4　黑棋的反击

图3　白棋成功

如果黑1扳，白2扳与黑3交换后，白4、6渡过。此后由于有A位和B位的断点，全块黑棋无根，白棋成功。

图4　黑棋的反击

黑1顶是唯一的手段。白2扳，诱导黑棋于7位断，但黑3是好手，黑棋可以连接。

问题 9 ▶▶

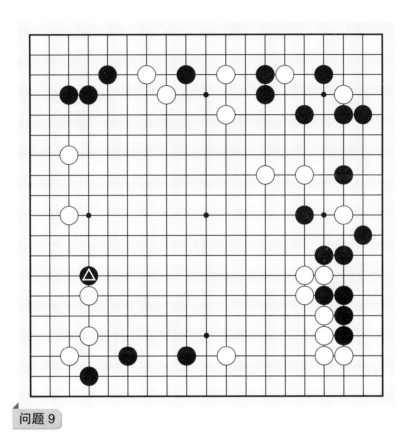

问题 9

　　白先。本图是黑△靠时的棋形。从全局来看，黑棋各处的实地很多，而白棋的外势很强。此处的攻防由于直接关系到整盘棋的成败，应慎重对待，白棋的下一步棋应下在什么地方？下棋时要正确掌握靠的意义，并考虑周边情况。

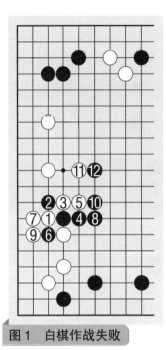

图1 白棋作战失败　　图2 留有断点

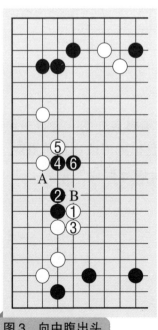

图3 向中腹出头

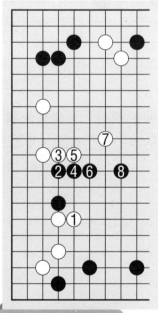

图4 双方最佳选择

图1 白棋作战失败

白1正是黑棋所期待的手段。至黑12都是定式化的手法。结果是白棋虽能确保实利，但却使黑棋取得了外势。

图2 留有断点

白1虽是注重外势的手段，但黑2长，白3立，白棋不好。其后黑4尖，削弱白△二子，白棋还留有A位的断点，白棋不满。

图3 向中腹出头

黑2后，白3接是正确的方法。黑4、6可以自然向中腹出头，黑棋满足。其后白A、黑B，白棋外势被破。

图4 双方最佳选择

白1长是白棋的强手，也是正确的方法。黑2跳，白3、5、7追攻，现在是双方都可以下的形势。

问题 10 ▶▶

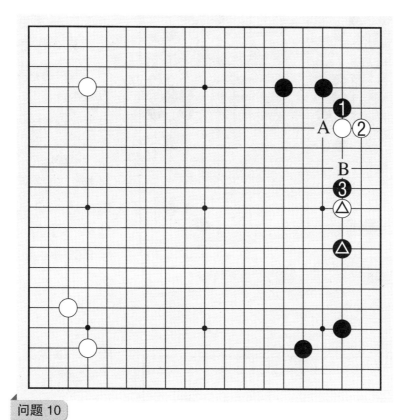

问题 10

　　白先。黑 1 尖顶，若白 A 长，则白棋形成与白△立二拆三的好形，黑棋不好。但现在例外，由于有黑△，黑棋在 B 位的打入可以成立。白棋也看出了黑棋的意图，因而白 2 立，黑 3 靠，白棋下一步正确的应对方法是什么？

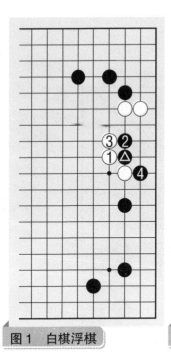

图1 白棋浮棋

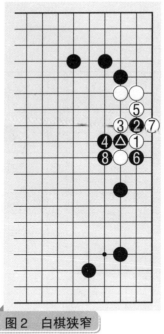

图2 白棋狭窄

图1 白棋浮棋

黑▲靠，目的是让白1扳。黑2先手长后，黑4扳是正确的次序。至此白棋无根，白棋不满。

图2 白棋狭窄

黑▲时，白1从二线扳，黑2连扳是手筋。其后白3、5打吃黑棋一子是坏棋，到黑8为止，白棋棋形狭窄。

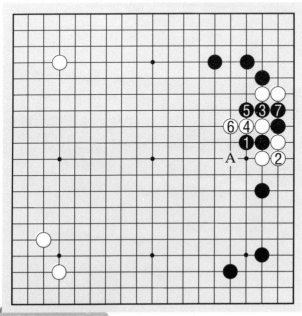

图3 黑棋实地大

图3 黑棋实地大

黑1长时，白2接是好手。黑3、5打吃，黑7接，毅然弃掉黑棋二子，而占取实地是好的手段。其后白A枷吃。与白棋的外势相比，黑棋的实地更为明显。

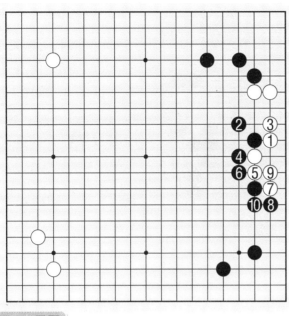

图 4 黑厚

图 4 黑厚

白 1 扳，黑 2 尖的手段也是成立的。黑 2 取外势是有力的手法。以下至黑 10 为止，白棋获取了实地，而黑棋也获取了外势。全局来看，与白棋的实地相比，黑棋的外势更为有利。

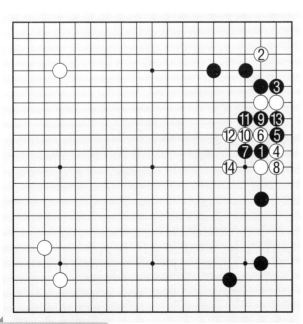

图 5 绝妙的利用

图 5 绝妙的利用

黑 1 靠时，白 2 首先点角，是非常有意思的利用手段。黑 3 切断其联络，白 4 扳。白 4 到白 14 的进展与图 3 一致，结果是白棋有利。

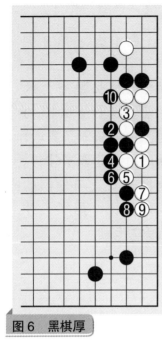

图6　黑棋厚

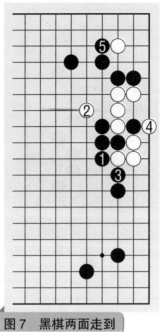

图7　黑棋两面走到

图6　黑棋厚

白1时，黑2打吃是好手。白3连，黑4以下至黑10，白棋虽获取了实地，但黑棋获取了强大的外势，结果黑棋好。

图7　黑棋两面走到

黑1时，白棋顾忌到图6的变化，而是白2跳，黑3是具有气势的一手棋，其后白4安定白棋，黑5下立，黑棋两面都走到了。

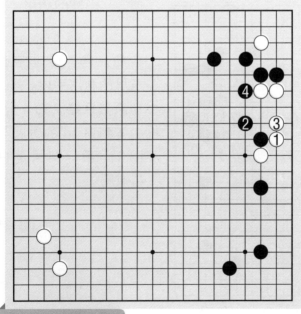

图8　棋形上的要点

图8　棋形上的要点

白1时，黑2尖是重视外势的手段，可以成立。黑2尖后，白3退，黑4扳。黑4不仅是虎的要点，而且也是扳白棋头的要点。

第4章

整形

问题 1 ▶▶

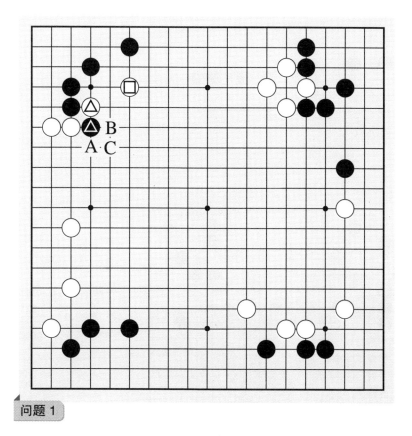

问题 1

　　白先。黑▲断，白棋如何处理白▲一子，是白棋的课题。必须要有轻松处理白棋▲一子的对局方法。如果连白⬜都愿轻易放弃而在 A 位打吃，黑 B 长，白 C 长，白棋左边形成的空不及黑棋上边所形成的空大。要使白棋的损失最小并且得以整形，白棋下一步棋应下在什么地方？

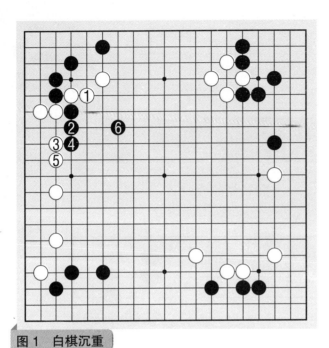

图1 白棋沉重

图1 白棋沉重

白1长过于沉重。黑2、4先手长，黑6攻击白棋，白棋棋形非常难受。

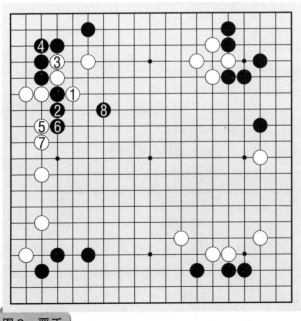

图2 恶手

图2 恶手

白1、3与黑棋交换，目的是整形，但却是恶手，黑2、4、6交换之后，黑8出头，白棋棋形很弱。

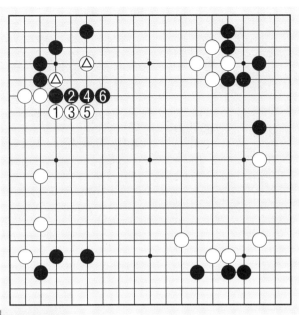

图3 软着

图3　软着

白１打吃，准备弃掉白△二子是软着，白１、３、５所形成的白势与黑２、４、６所形成的黑空相比，黑棋更大一些。

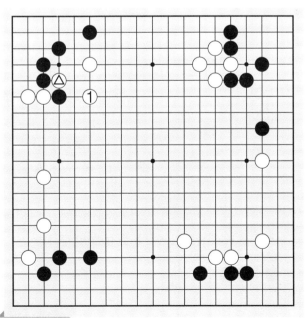

图4　正解

图4　正解

白１单跳是将白△一手走轻的对局方法。如果能一眼发现这种棋形的急所，则已具备了相当的实力。

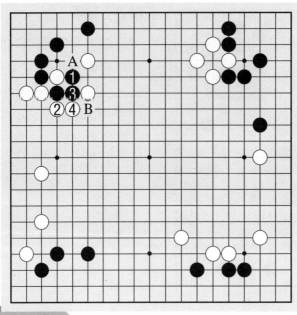

图 5 整形

图 5　整形

　　黑 1 打吃白棋一子，白 2 反打之后白 4 封口是很重要的对局方法，这样不仅可以破黑棋的实空，而且还可诱使对方走成愚形。其后黑棋无法忍受白棋在 A 位滚打，一般情况下会黑 A 补，白 B 接，白棋将棋形整理得很完整。

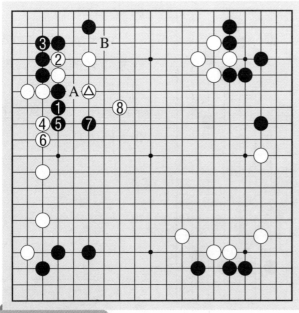

图 6　白棋空间大

图 6　白棋空间大

　　黑 1 长是黑棋最好的下法。白 2 先手顶后白 4 跳是白棋最佳的应手。进行至黑 7 时就可以发现白△的位置要比该子在 A 位更为活跃。其后白棋下在 8 位或 B 位时，白棋显得更有发展空间。

问题 2 ▶▶

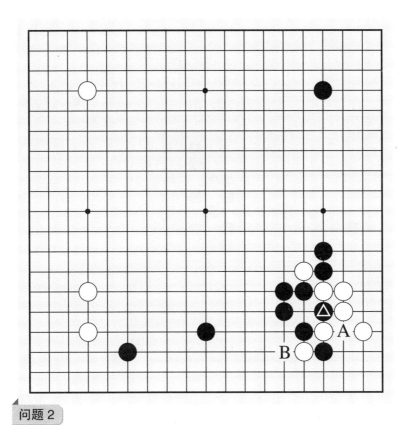

问题 2

　　白先。本图右下角是由小目定式所形成的棋形。现在黑▲打吃白棋一子，白棋下一步如何应对？在 A 位接是很容易想到的方法，但是被黑 B 虎打，白棋落后手不满。白棋有使对方走成愚形的手段，如何走才是最好的方法？

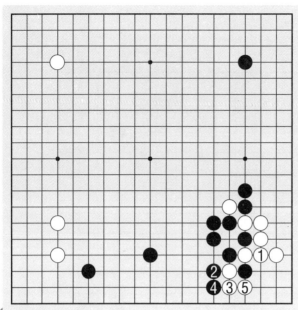

图1 白棋不满

图1 白棋不满

白1接过于屈服。黑2、4先手利用后，白棋心情很坏。黑棋在棋形上没有任何缺点。显而易见，结果是白棋不满。

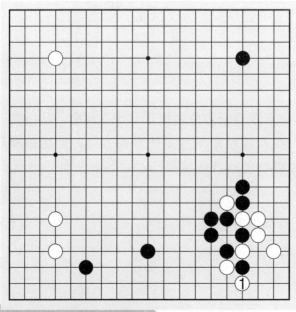

图2 避免出现愚形的要点

图2 避免出现愚形的要点

白1反打是白棋避免出现愚形的要点，也是正确的方法。对局时，如果出现会被对方先手利用而走成愚形的棋形时，应寻求其他手段。

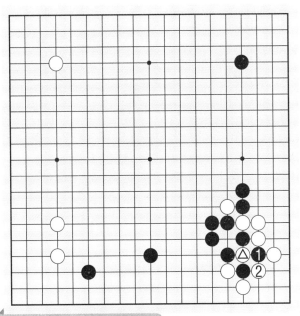

图3 心情很好的先手利用

黑1无奈提白棋一子时，白2打吃是心情很好的先手利用，对方接时会走成愚形。白棋满足。

图3 心情很好的先手利用 **③** = **△**

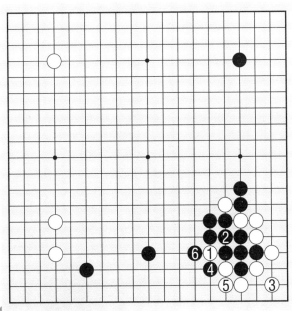

图4 白棋先手

续图3，白1打，黑2接，白3虎，黑4、6不可避免地后手补，结果是白棋满意。

图4 白棋先手

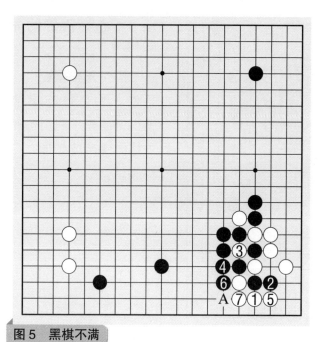

图5 黑棋不满

图5 黑棋不满

白1打吃时，黑2长是没有价值的反击手段，白3先手提劫。其后黑棋由于有A点漏风的缺陷，黑棋结果不满。

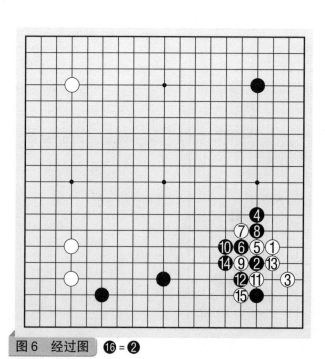

图6 经过图 ⑯＝❷

图6 经过图

针对黑棋的小目棋形，白1大飞挂，黑2尖，白3至黑16为止，形成了问题图的棋形。

问题 3 ▶▶

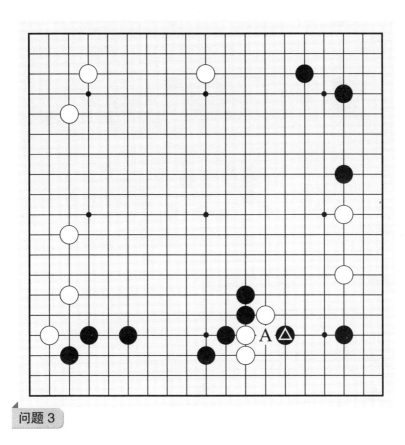

问题 3

　　白先。黑 ▲ 刺时，第一时间的感觉便是在 A 位接，但在 A 位接又会走成愚形。白棋怎么下才能处理好下边三子？

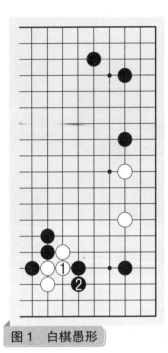

图1 白棋愚形

图2 大同小异

图1　白棋愚形

白1接是坏棋，被黑2立，白棋困难。对局时应该绝对避免出现像白1这样的愚形。

图2　大同小异

白1与黑2交换后，白3接，与图1大同小异，白棋仍然是愚形。黑4飞，分断白棋，白棋难以取得好的结果。

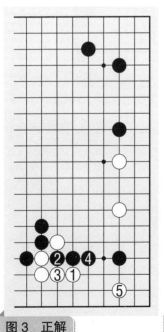

图3 正解

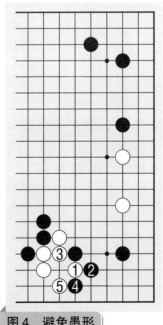

图4 避免愚形

图3　正解

白1靠是正确的方法。黑2断，白3接，黑4被迫长，白5大飞，白棋满意。

图4　避免愚形

白1靠时，黑2扳是很常见的手段。此时白3接是避免出现愚形的正确的对局方法。黑4打，白5挡造劫。白棋棋形好，并不受攻。

问题 4 ▶▶

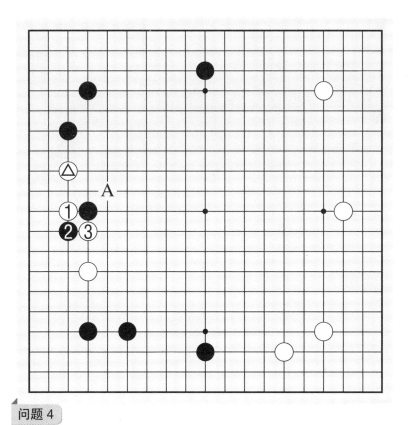

问题 4

黑先。白△打入时，黑棋不理，白 1 托，其后白 3 断。由于白棋棋形轻盈，并切断了黑棋，可以预想黑棋战斗不利。当白△打入时，黑A 尖是消除白 1 托的好手。至白 3，黑棋已再也不能不理，如何处理才正确？

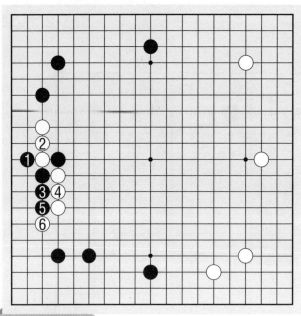

图1　重视实空

图1　重视实空

图1　重视实空

黑1打，黑3长求活，至黑5，黑棋缺少妙味。白6扳是强手，黑棋难受至极。

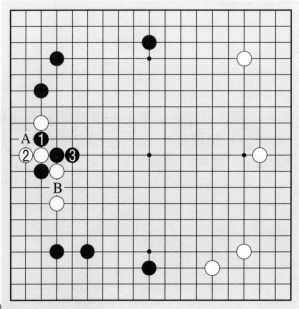

图2　常用的手法

图2　常用的手法

图2　常用的手法

黑1打，其后黑3再长，是这种情形中最常用的对局手段。黑棋有在A位穿和B位打的手段。

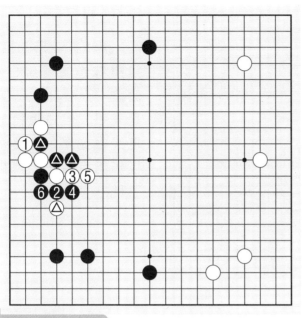

图3　白棋被分割

图3　白棋被分割

白1渡，黑2至黑6吃住白△一子，并将白棋分割，黑棋满足。白棋棋形过于集中在二线，而且上边黑△仍有活动余地，这是白棋的负担。

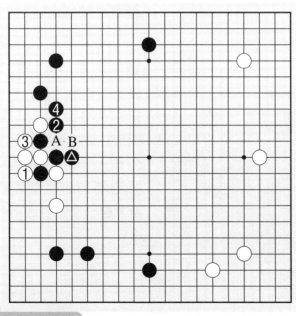

图4　实空大

图4　实空大

黑△长时，白1打是好手。黑2虎取外势，白3连接是冷静的手段。与黑棋的外势相比，白棋的实空很大，白A、黑B是白棋的先手。

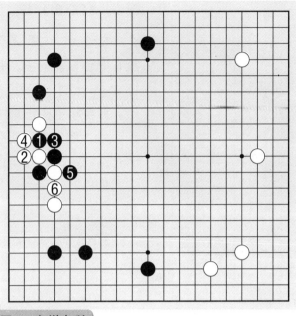

图5 白棋有利

图5 白棋有利

黑1打，黑3接，黑棋味道更坏。白4渡是好手，黑5打是先手，但白棋棋形已经很完整，而黑棋棋形仍有缺陷，黑棋不利。

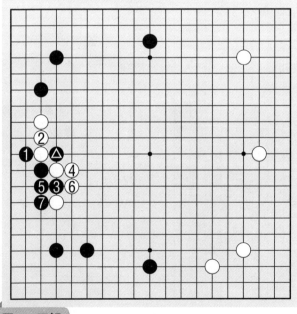

图6 正解

图6 正解

以下手段虽然略有俗手的味道，却是好手。即黑1打，白2接，黑3至黑7占取实空。白棋虽然取得了外势，但与黑棋相比并无特别的优势，而且黑△一子还有利用的余味。

问题 5 ▶▶

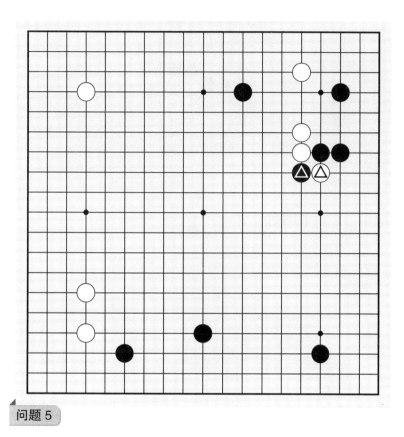

问题 5

　　白先。本图是黑▲断的棋形。这手棋可以说是具有气势的一手棋，白棋下一步应手很困难。上边的白棋需要处理，但又不能放弃白▲，白棋应尽可能地将棋走轻，并且不能影响上边的棋子，如何下才是正确的方法？

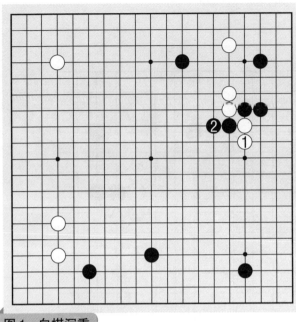

图1 白棋沉重

图1　白棋沉重

白1长，黑2也长时，白棋再处理右边二子就不容易了。白棋已是很重的形状，下一步棋很难下。

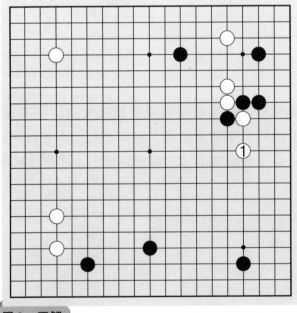

图2 正解

图2　正解

白1跳是将棋走轻的好手。高手在处理受攻棋形时，任何时刻都要寻求将棋走轻的手段。

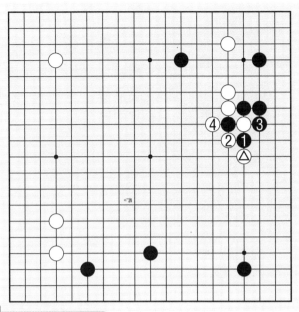

图3　白棋的意图

图3　白棋的意图

白△的意图是希望黑1打，然后白2反打。黑3提是绝对必需的手段，白4再反打，黑棋向中腹的出路被封。

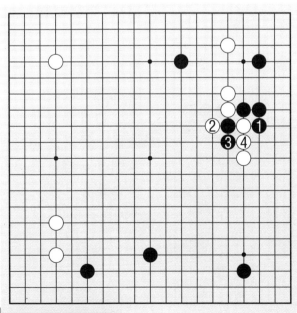

图4　黑棋战斗不利

图4　黑棋战斗不利

黑1打后，白2反打很重要，白2打吃时，黑棋不在4位提子，而是黑3长，白4连，黑棋战斗不利。白棋跳后，黑棋立即打的处理手段，不会取得好的结果。

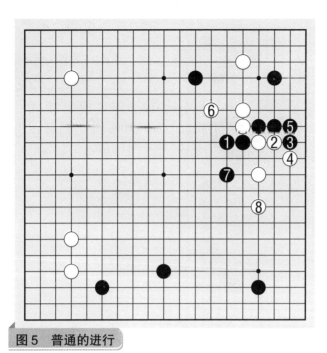

图5　普通的进行

图5　普通的进行

黑1长是普通的应手。白2挡整形，黑3至白8都是很平常的进行。

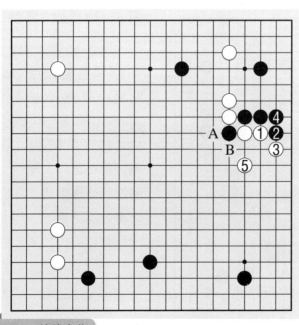

图6　其他变化

图6　其他变化

白棋不在5位跳，而是单纯白1挡的手段也是可以考虑的，弈至白5都是预想的进程。黑A长则结果与图5一样，在B位长也充分可战，这是黑的选择权利。

问题 6 ▶▶

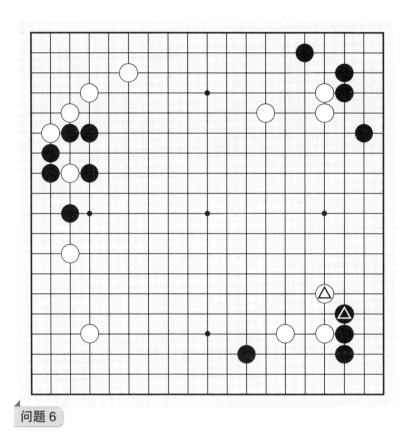

问题 6

白先。白△跳时，黑▲占据虎的位置，以破坏白棋的棋形，白棋应如何通过攻击下边的黑棋来整形？

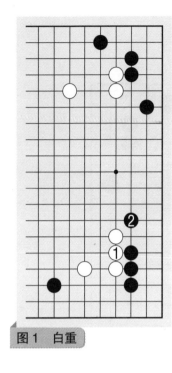

图1　白重

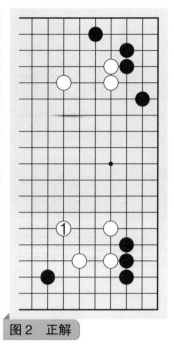

图2　正解

图1　白重

白1单接，白棋走得太重，不好。黑2跳，黑棋取得边地，白棋形状上尚不完全，白棋不满。

图2　正解

白1飞是轻快的整形手段，同时也是正解。

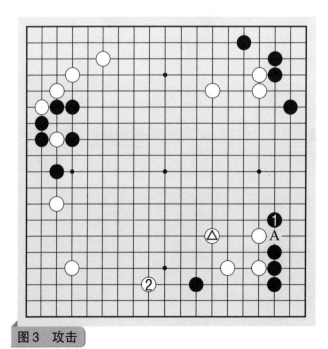

图3　攻击

图3　攻击

白△飞时，黑1跳，控制边地，白2夹攻黑棋。黑1如不跳，而改在2位拆，争取安定自身，白A挡，白棋也不坏。

问题 7 ▶▶

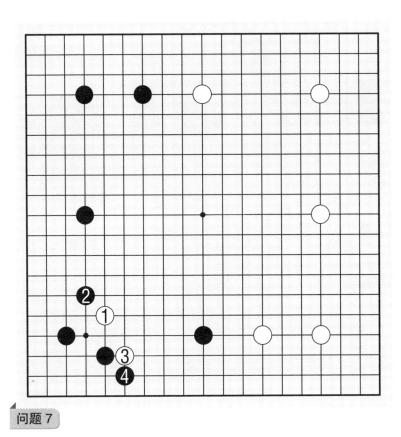

问题 7

白先。本图是外势与外势相对抗的棋形，白 1 是侵消的绝好点，黑 2 补棋，白 3 靠，黑 4 扳。白棋的下一步棋已很困难，不过仍存在整形的常用手段，应在什么地方？请仔细考虑再做决定。

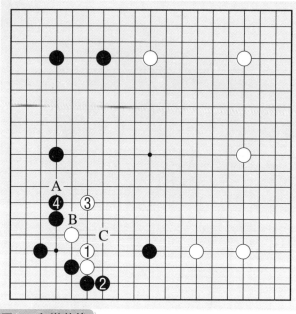

图1 白棋苦战

图1 白棋苦战

白1连，黑2长，白3飞，黑4并是好手。白1虽能使白棋可以先手占据白A或白B，但被黑C先手利用，白棋不成立。这样下不仅使黑棋走厚，而且白棋自身尚不完全，面临苦战。

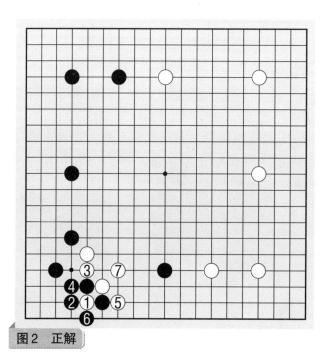

图2 正解

图2 正解

白1断是常用的手法。在这种情形下，扭断才是化解的方法。到白7为止，白棋形势好，并且可以攻击黑棋一子。

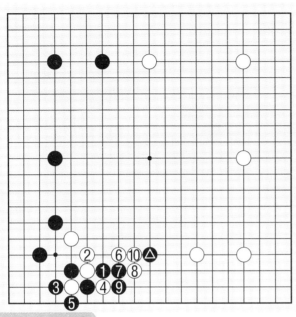

图3　白棋成功

图3　白棋成功

黑棋由于征子不成立，便黑1打吃，其后黑3打、5提白棋一子，白4、6、8是好手。黑7、9是必然的手段，白10之后，黑△已无任何力量。

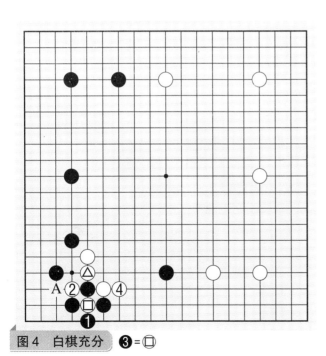

图4　白棋充分　❸=□

图4　白棋充分

白△打吃时，黑棋不在2位接，而是黑1提子，白2打吃后，白4长。此后黑棋由于有A位的断点，不能无所顾忌地攻击白棋。

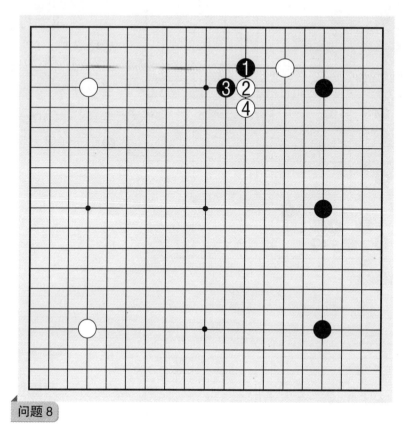

问题 8

黑先。在三连星布局中，黑1夹攻是开展外势作战时常用的手法。白2飞压也是对这种外势作战进行牵制的常用手段，到白4为止，是实战中经常出现的基本棋形，之后的棋形该怎样处理呢？

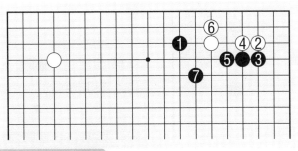

图1　黑棋的意图

黑1时，白2点三三是普遍的手段。白2以下至黑7都是基本定式，是外势与实地的转换。

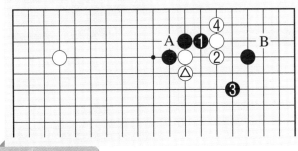

图2　白棋整形

白△时，黑1顶是正确的方法，也是能给白棋形制造缺陷的手段。白2挺头，黑3补角，白4下立是好手，白棋可以利用黑棋A位和B位的弱点整形。

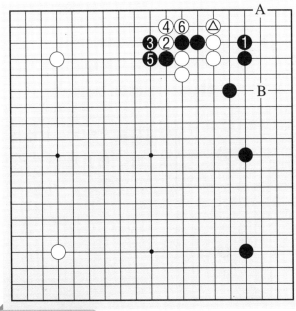

图3　黑棋不满

白△时，黑1补角，白2断的手段是成立的。到白6为止，结果白棋吃住黑棋二子，白棋在获得安定的同时，形成了很厚的棋形。由于有A位的官子和B位的弱点，黑棋不满。

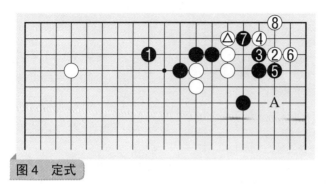

图4 定式

图4 定式

白△立，黑1飞补断点是正确的方法。白2利用白△的立点三三，至白8都是定式，其中白6还瞄着A位打入。

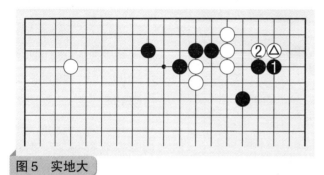

图5 实地大

图5 实地大

白△时，黑棋在2位冲是正确的次序。如果黑1挡，白2长是好手，白棋在角上没有任何弱点就占据了很大的实地，白棋形势好。

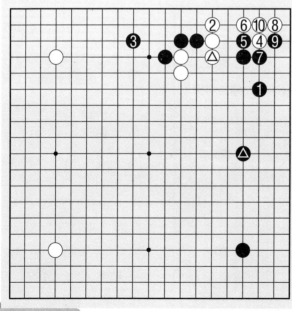

图6 连贯性

图6 连贯性

白△时，如黑棋为与黑△取得连贯，下黑1飞，白棋依然白2下立，黑3至白10都是基本定式。其中黑7时，白8虎的手段引人注意。

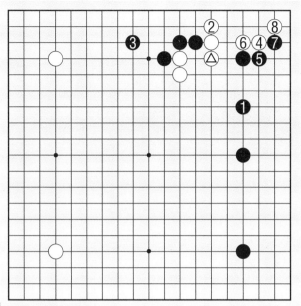

图7 其他定式

　　白△时，黑1大跳的手段也是可以的。白2以下至白4与图6的定式都是同样次序。变化从黑5开始。一定要记住黑7和白8交换是必要的次序。

图7 其他定式

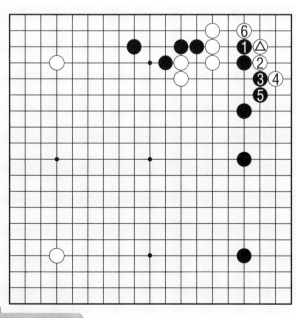

图8 黑受损

　　白△时，与前面的进行不同，黑棋在2位挡很重要，黑1冲则贪心。白2长是追击黑棋失手的好手，白4以下至白6连接，结果黑棋受损。

图8 黑受损

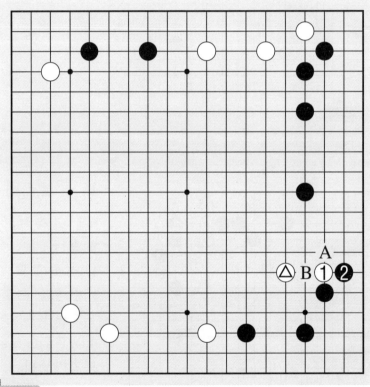

第5章

治孤

问题1 ▶▶

问题1

　　白先。本图是白1靠，以寻找处理白△的步调，黑2扳。在这种情况下，白棋在A位长或B位接，都会受到黑棋猛烈的攻击。既然对方的外势如此强大，就要使自己的棋走得轻灵一些，如何处理才最有效？

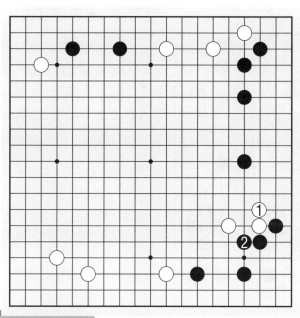

图1 虎的急所

图1　虎的急所

　　白1长，黑2长占据了白棋虎的位置，白棋棋形不好。

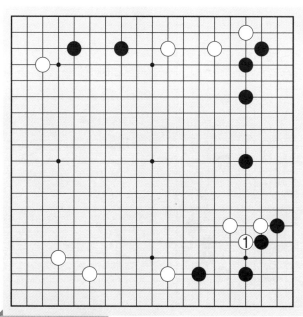

图2 棋形的急所

图2　棋形的急所

　　白1虎是白棋棋形的急所，也是正确的方法。白1是富有弹性的下法，之后可根据对方的应手，弹性处理己方的棋。

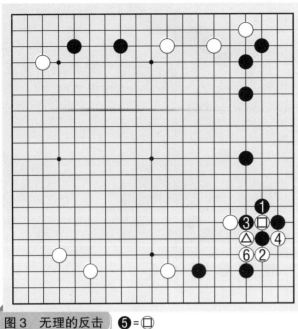

图3 无理的反击 ❺=▢

图3 无理的反击

白△虎时，黑1是无理的反击手段，白2反打，黑3吃掉白棋一子，白4、6侵蚀角上黑地，黑棋损失很大。

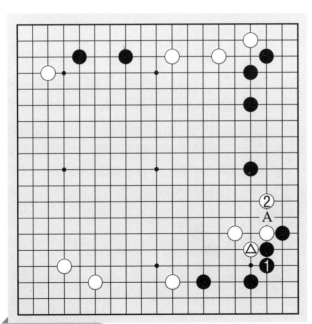

图4 轻灵的手段

图4 轻灵的手段

白△虎时，黑1长是正确的手段。其后白2跳是轻灵的手段，比走在A位要轻灵，好棋。

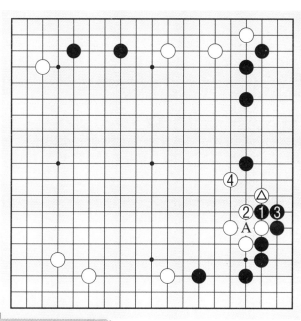

图5 绝好的模样

图 5 绝好的模样

白△跳时，黑1打吃的意图是诱使白在A位接而使白棋形状崩溃，但白2造劫却是早已准备好的强硬手段。由于白棋打劫的负担比黑棋小，黑棋只好委屈地在3位接。其后白4飞出又是棋形上的要点，而且能缓缓地向中央出头。

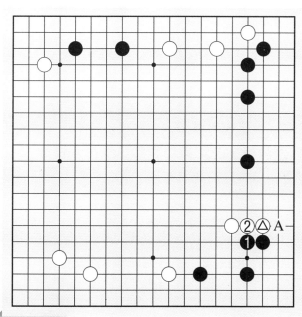

图6 猛攻

图 6 猛攻

白△靠时，黑A扳是过于注重感觉的一手棋，而给了白在1位虎的手段。针对白△，黑1刺是双方的要点，白2接后，白棋将会受到黑棋的猛攻。

问题 2 ▶▶

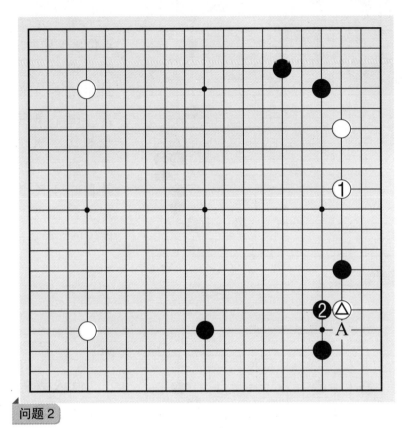

问题 2

白先。这是职业棋手在实战中出现的棋形，白棋置△一子于不顾，而是白 1 拆，黑 2 压，直接以外势相抗衡。其后黑棋如果在 A 位补一手，就可在角上获取相当大的实空，白棋应该如何整形才能生存？怎么下才是最佳的方法？

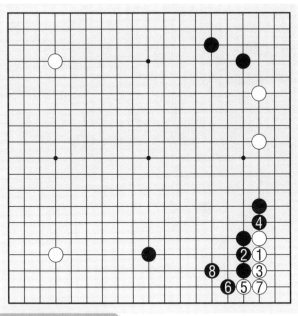

图 1 黑棋外势强大

图 1 黑棋外势强大

白 1 是消极的求生手段。到黑 8 为止，白棋虽然在角上做活，但黑棋获取了相当厚实的外势，白棋不满。

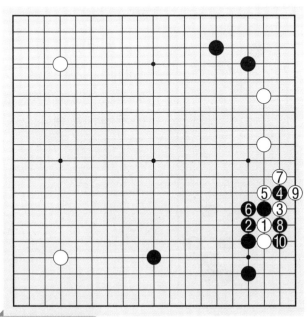

图 2 白棋不利

图 2 白棋不利

白 1 顶，黑 2 挡，白 3 扳试图联络，但是黑 4 有连扳的手段。白 5、7 打吃黑棋一子，下至黑 10 时，黑棋已获取了角上大空，结果是白棋不利。

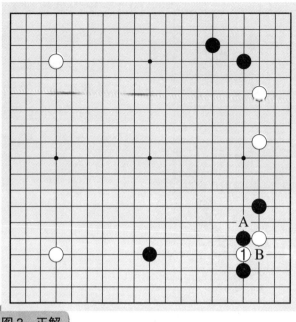

图3 正解

图3 正解

白1挖是正解。在A位征子有利的情况下应如此下。如果征子不利，白下在B位，则与图1结果一样。

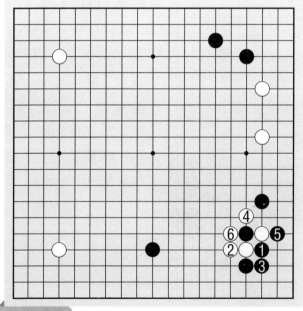

图4 提子

图4 提子

黑1打，在征子有利时，这样不是有力的手段，但现在由于征子不利，被白4、6提子，黑棋非常不利。

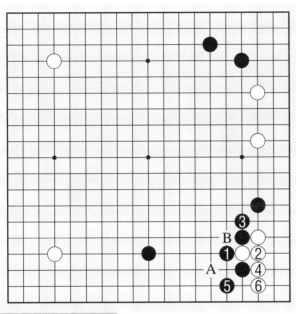

图5 双方最佳选择

图5 双方最佳选择

黑棋在征子不利的情况下，从外侧挡是正确的方法。至白6，白棋在角上成活，这种结果是双方最佳的选择。与图1相比，由于白棋有在A位刺和B位断的手段，白棋有利。

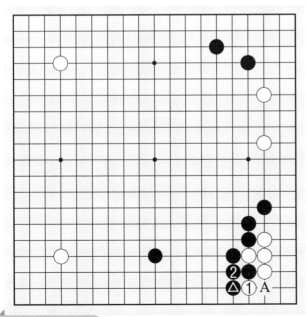

图6 交换受损

图6 交换受损

黑棋在△虎时，白棋在A位下立是正确手法。虽然是后手，但可以积蓄力量。有时白1打吃也可以脱身，这是在白棋自身需先手求活时，经常使用的手法。但考虑到这会使黑棋消除棋形上的断点，并且角上白棋活得也比较笨拙，一般情况下会在A位下立。

问题 3 ▶▶

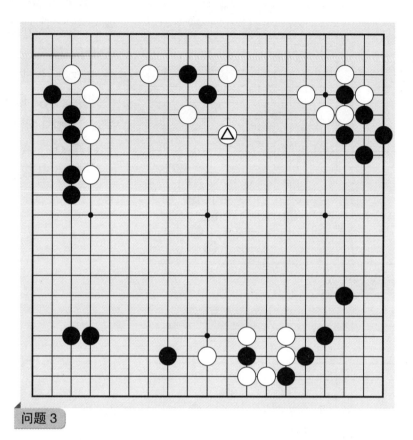

问题 3

　　黑先。现在是白△飞封攻击黑棋二子。由于周围全是白棋的势力，黑棋走棋已很困难。如果就这样弃去二子，那上边的白阵就太大了。黑棋如何才能逃出去？如果单纯地匆忙逃跑则无任何妙味。对方的势力如此强大，黑棋即使付出一点牺牲，也要尽快化解当前的危机。

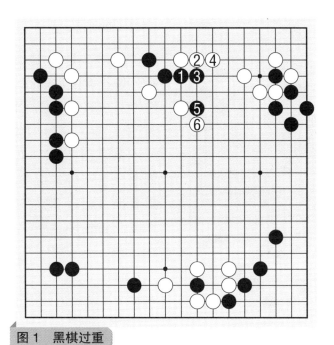

图1 黑棋过重

图1 黑棋过重

黑1、3长使白棋上边得以加固，黑5靠是过重的手段，白棋不仅获取了上边的实空，白6以后，黑棋仍像浮萍一样处于受攻的状态。

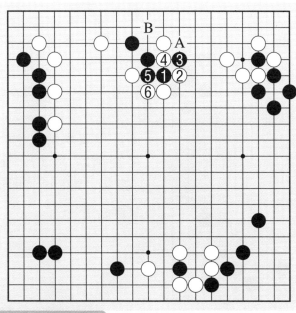

图2 盲目的抵抗

图2 盲目的抵抗

黑1尖顶，黑3扳是黑棋盲目的抵抗，黑棋无理。白2、4、6强行封锁，黑棋被歼。其后黑A顽抗，白B尖，黑棋已无活路。

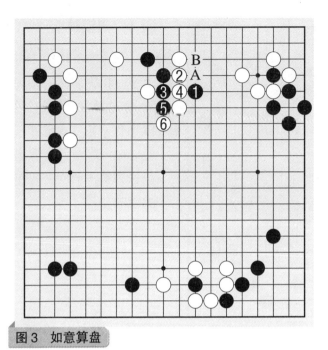

图3　如意算盘

图3　如意算盘

黑1飞是希望白在4位挡，然后黑在2位冲、白A、黑B，不过这是黑棋的一厢情愿。白棋白2、4冲断的手段是正确的应手，黑5出头，白6扳头，黑棋就很难下。

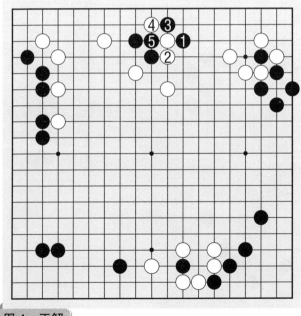

图4　正解

图4　正解

黑1靠是手筋。在对方的势力如此强大的地方靠，根据对方的应手来寻求变化。黑1靠，白2长是具有气势的手段，黑3扳，白4反扳，黑5断，即可化解。

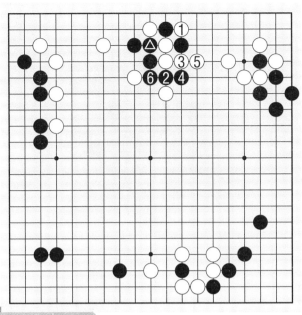

图 5 逃跑成功

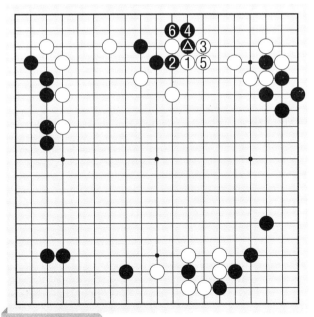

图 6 轻易成活

图 5　逃跑成功

黑▲断，白1只好打吃，黑2、4打，然后黑6接，黑棋逃跑成功。

图 6　轻易成活

对于黑▲，白1扳，黑2断，只要能吃住白棋一子，黑棋即可轻易成活。白3先手打，白5接，黑6打吃白棋一子，黑棋已完全成活。希望读者能有这样的认识：类似黑▲这样的腾挪手段，不管白棋如何变化，黑棋都可以化解危机。

问题 4 ▶▶

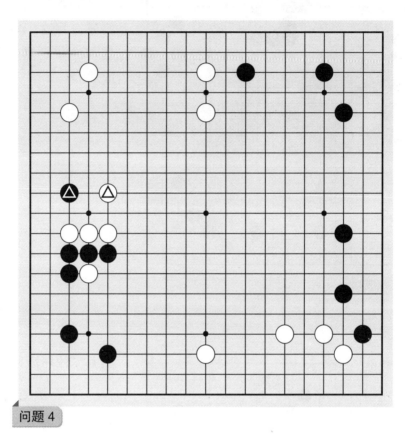

问题 4

黑先。本图是白△镇攻击黑▲的棋形。由于四周全是白棋的势力范围，黑棋要活并不很容易。如果全部变成白地，则胜负已很明朗。黑棋应该如何处理这一子？又如何才能收拾当前的困难局面？

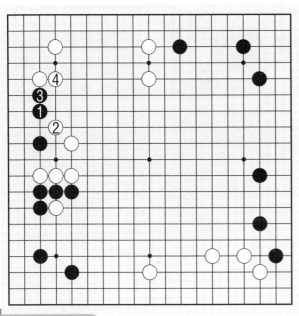

图1 无处可逃

图1　无处可逃

黑1单拆虽然是普通的行棋方法，但在这种特殊情况下不好。白2刺是棋形的要点。黑3负隅顽抗，白4长，黑棋无处可逃。

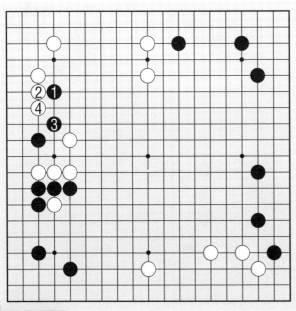

图2　无根

图2　无根

黑1尖冲也是很容易考虑到的手段，但被白2、4剥夺根地之后，黑棋非常痛苦。

图 3　正解

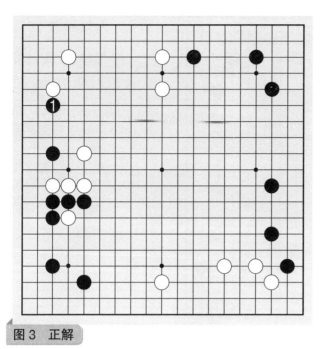

图 3　正解

黑 1 靠是正确的方法。根据对方的应手来选择不同的处理方法，富有弹性。黑 1 靠是诱使白棋出现变化的好手。

图 4　常用的切断

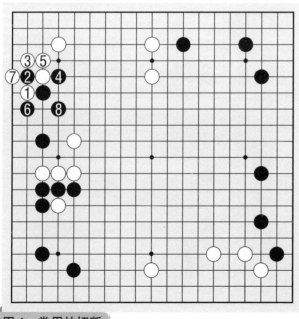

图 4　常用的切断

面对黑棋的靠，白 1 扳，黑 2 断是常用的手筋。白 3 至黑 8，黑棋轻易具备活形。

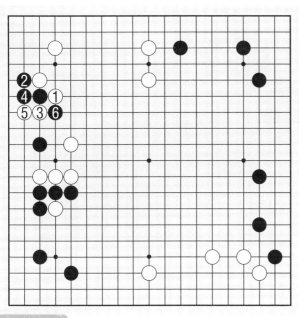

图5 连扳

图5 连扳

白1扳，黑2连扳是预先准备好的对策。白3向边线打吃，至黑6切断，白棋弱点太多，无法兼顾。

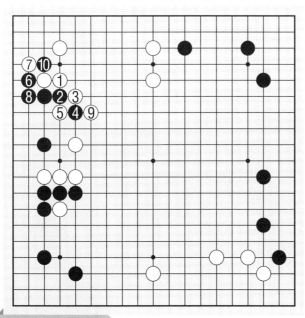

图6 最强的应手

图6 最强的应手

白1长是最强的应手，但黑2、4之后，白棋攻击不成立。白5强断，黑6、8扳接，然后黑10断，黑可吃住白7一子，黑棋即能成活。

问题5 ▶▶

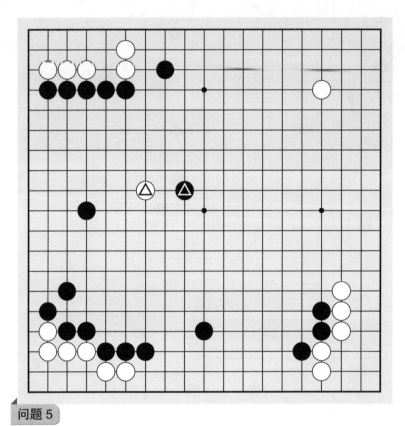

问题5

　　白先。本图是白△消、黑▲镇阻止白棋出头的棋形。如果为侵消对方
而打入对方阵地，应预先考虑被攻击时，是寻求适当的逃跑路线，还是
直接求活。在本图这种棋形中，白棋向中腹逃跑已不易，应该自身求活。
因此，白棋的下一步应下在什么地方？

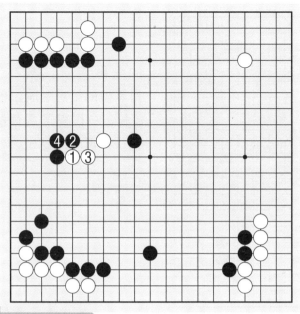

图1 白棋沉重

图1 白棋沉重

白1靠是寻求变化的手段，但被黑2扳中要害，白棋不好。白3、黑4之后，白棋形状很笨重，很难处理。

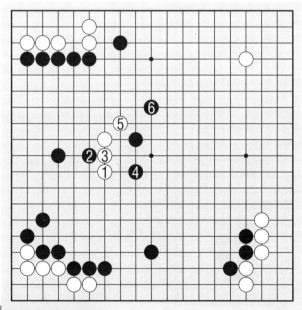

图2 逃跑无望

图2 逃跑无望

白1单跳，试图向中腹逃跑，被黑2刺，黑4封住，白棋已逃跑无望。白5顽强抵抗，黑6飞封，白仍然不行。

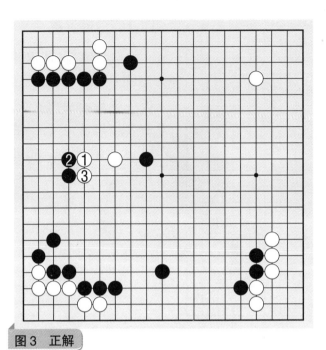

图3 正解

图3 正解

白1单跳是唯一的化解方法。黑2挡是黑棋的绝对手段，白3长，白棋棋形富有弹性，不再轻易受攻。

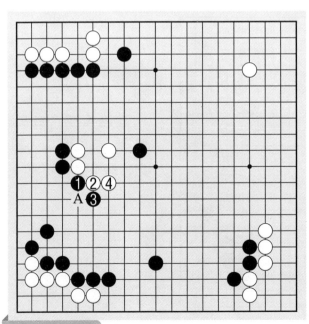

图4 化解成功

图4 化解成功

黑1虽是扳头的要害，白2、4老实地应，白棋就已不是受攻的棋形，而且造成黑棋A位的断点，白棋成功化解了黑棋的攻势。

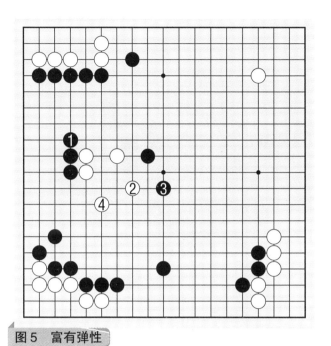

图5 富有弹性

图5 富有弹性

黑1长时，白2、4是棋形的好手。白棋不仅眼形丰富，而且很富有弹性，不再受攻。

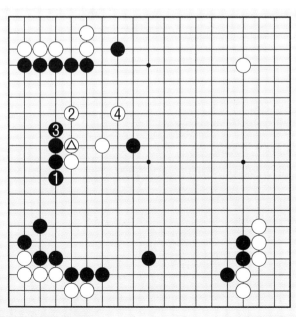

图6 逃跑成功

图6 逃跑成功

黑1长的手段也可以考虑，此时白2单跳，白4飞都是好的对局方法，白棋已成功地摆脱了黑棋的包围。白△单跳是非常漂亮的一手棋。

问题 6 ▶▶

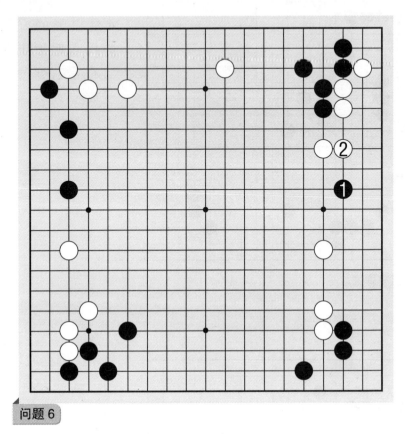

问题 6

黑先。黑 1 打入时，白 2 立是有关眼位的要点，黑棋下一步棋就很困难了。如果单纯地向中腹逃跑，那就进入了白棋的攻击范围，丧失了局面的主动权。黑棋如何才能摆脱白棋的追击并能轻易活动？

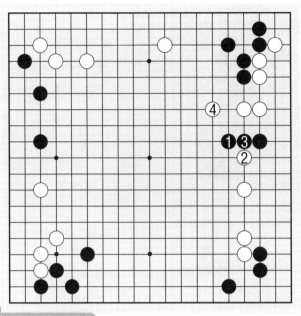

图1 缺少谋略

图1 缺少谋略

黑1逃跑是很平常的手段，但被白2先手利用之后，还会受到白4的追攻。

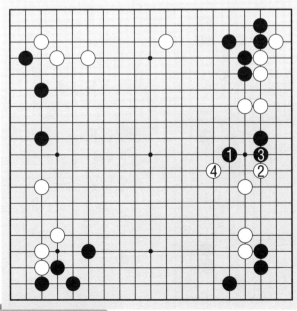

图2 眼位的要点

图2 眼位的要点

黑1飞与图1相比在策略上略有提高，但白2尖正中棋形要害之处，为确保眼位，黑3不可避免地要补，白4追攻，黑棋不好。

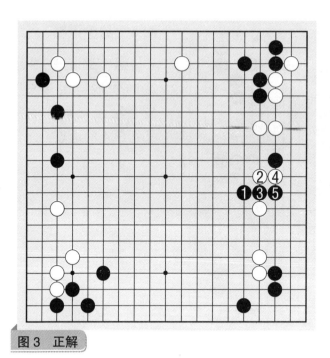

图3 正解

图3　正解

黑1走象步是恰当的手段。由于黑棋非常轻灵，并不轻易受攻。白2穿象眼正是黑棋所希望的结果。黑棋弃掉一子，使下方的白棋变弱，黑棋非常高兴。

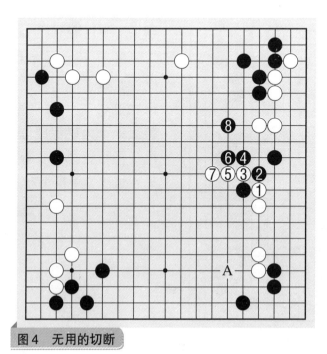

图4 无用的切断

图4　无用的切断

白1长切断黑棋，并且准备扩张右边白地，但却使黑棋轻易做活。黑2至黑8都是预想的进程，右上角白棋已被封住，而且不可避免地要后手做活。到白7为止，白棋的外势因黑棋可在A位飞并不乐观。

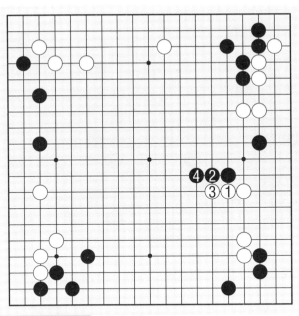

图 5　中腹出头

图 5　中腹出头

白 1 长的手段虽也可考虑，但黑 2、4 可以自然地向中腹出头，并且摆脱了白棋的追攻。

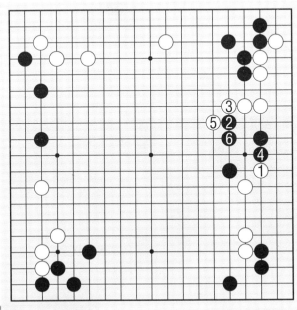

图 6　化解攻势

图 6　化解攻势

白 1 尖虽是威胁到黑棋眼位的要点，但是黑 2 争先之后，黑 4 顶是正确的次序，白 5 扳，黑 6 退，黑棋不再受攻。

问题 7 ▶▶

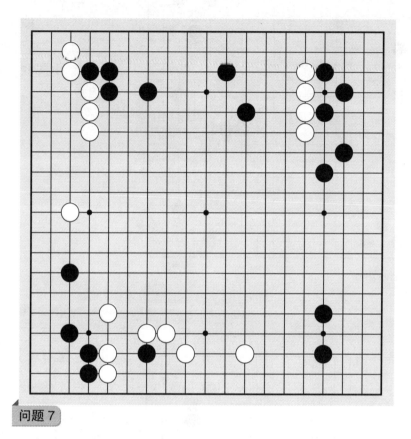

问题 7

　　白先。如何处理右上角的白棋四子是白棋的负担。如果白棋受到沉重打击，右边的黑地和上边的黑地都会成为实空，白棋难以挽回形势，白棋应尽快摆脱黑棋的追击，其方法是什么？

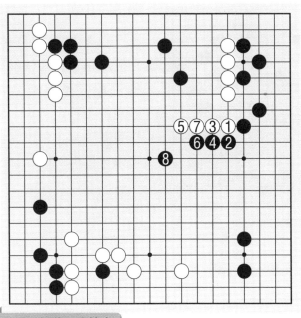

图1 白棋无法转身

图1　白棋无法转身

白1靠虽是常识，但至黑8，白棋被赶向一侧，白棋已无法挽回局势。白棋不能这样一味地逃跑，而应寻找更为轻快的方法。

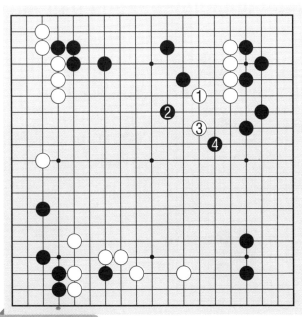

图2　片面防守

图2　片面防守

白1跳的手段也可以考虑，但是黑2飞是攻击的要点，白3跳，黑4追击，白棋仍然被追攻。

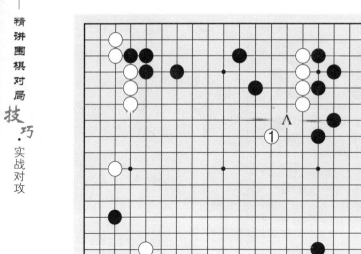

图3　正解

图3　正解

白1走象步是白棋摆脱黑棋追击最快最轻的手段，虽然有A位断点的负担，但角卜黑棋也有缺陷，白棋完全可以与黑棋对抗。

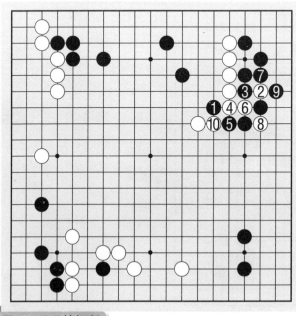

图4　无理的切断

图4　无理的切断

黑1立即穿象眼，对黑棋来说为时尚早，对黑棋不利。白2攻击黑棋的薄弱环节。以下至白10，白棋两边必得其一。

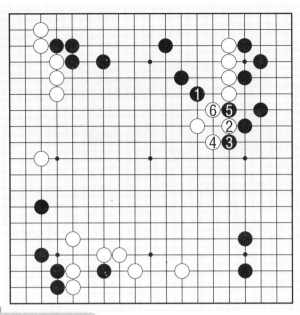

图5 白棋满足

图5 白棋满足

黑1尖是白棋棋形上的要害。白2以靠的手段应对，黑3扳，白4强挡，黑5打吃，白6造劫，白棋逐步坚实，非常满足。

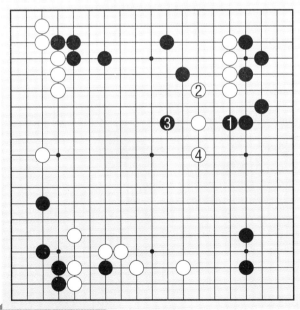

图6 白棋步调快

图6 白棋步调快

白棋走象步时，黑1占据棋形上的要点，白2跳是轻快的行棋方法，黑3大飞，白4跳，白棋步调快，已脱离黑棋的追击。

问题 8 ▶▶

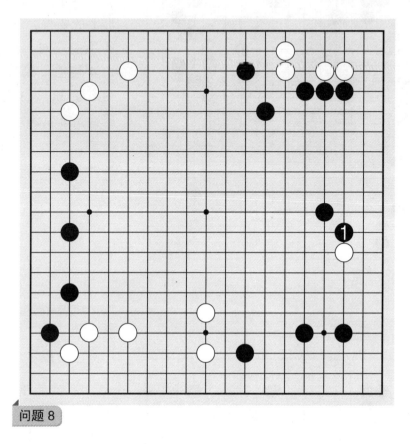

问题 8

白先。本图是黑1尖顶攻击白棋的棋形。由于周围黑棋势力很强，白棋应把棋下轻，如何处理才是最好的方法？如果过于贪图实利，则可能受到很严厉的攻击。

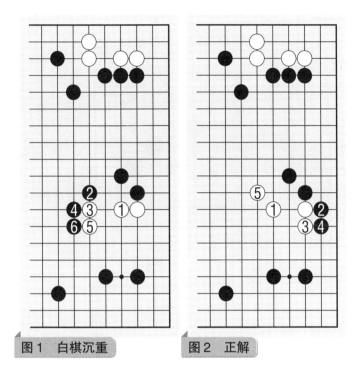

图1　白棋沉重　　　　图2　正解

图1　白棋沉重

白1长虽然也是一种感觉，但由于对方外势过于强大，因而有使白棋走重的缺陷。黑2飞封，形势就很危急了。白3、5被黑4、6挡住，白棋大势不妙，即使不被吃，也要付出不少牺牲。

图2　正解

白1单跳轻盈，也是正确的下法。下至白5，白棋的形状富有弹性，不易受攻。

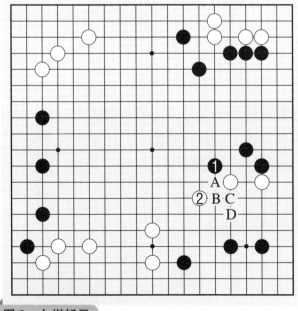

图3　白棋轻灵

图3　白棋轻灵

黑1飞封的目的是希望白棋在A位长，然后对白棋实施猛烈攻击。但是白2飞是白棋轻灵的走法，黑棋未能如愿。其后黑A冲，白B挡，黑C断，白D打吃即可。

问题 9 ▶▶

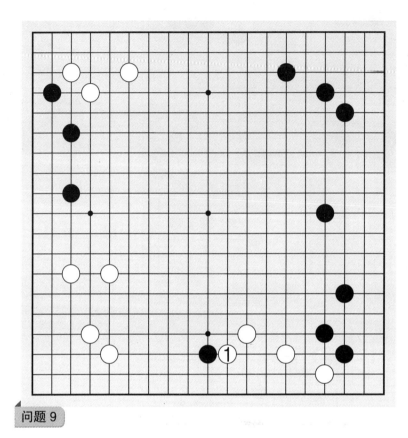

问题 9

黑先。本图是白 1 尖顶实施进攻的棋形。由于白棋势力强大，黑棋应以轻灵的手段来化解白棋的攻击。在这种形势下，如果将棋走重，黑棋会很快落入苦海。如何才能敏捷灵巧地整形？

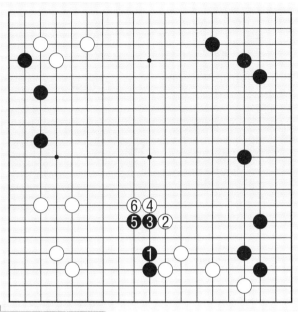

图1 典型的重棋

图1 典型的重棋

黑1长是使棋走重的典型手法，被白2飞封，则非常痛苦。黑3靠、黑5长，被白4、6挡住，再想寻找出路已相当困难，如果就地做两只眼求活，多半结果是生不如死。

图2 正解

黑1跳是轻灵的行棋要领，也是这种情形下恰当的手法。在对方强大的外势面前，不能过于追求实利。白2、4虽然获取一些实利，但黑3、5很自然地整形，也无任何不满。

图2 正解

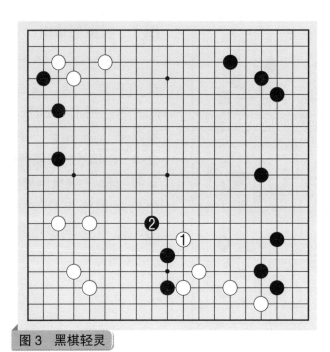

图 3 黑棋轻灵

图 3 黑棋轻灵

白 1 飞攻是可以预料到的手段。黑 2 飞出是轻灵的下法。

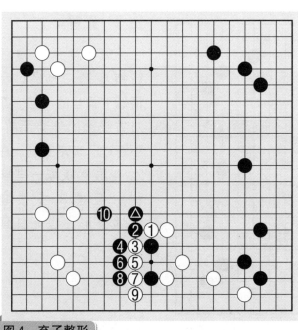

图 4 弃子整形

图 4 弃子整形

针对黑 ⚫，白 1、3 冲断，以下至黑 8 弃子整形，黑 10 充分整形。

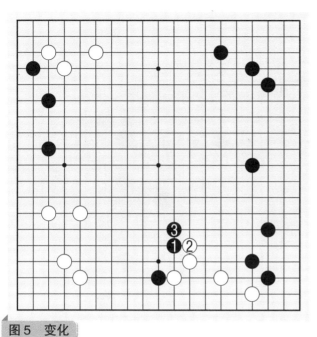

图 5 变化

黑 1 飞也是可能的。白 2 长，黑 3 跟着长。白棋已没有攻击的余地。

图5 变化

图 6 轻易化解

白 1 走成空三角是强硬的手法。如果黑在 5 位挡，白将在 3 位断攻击黑棋。但黑 2 跳是好手，白 3 至黑 6，黑棋已轻易化解。

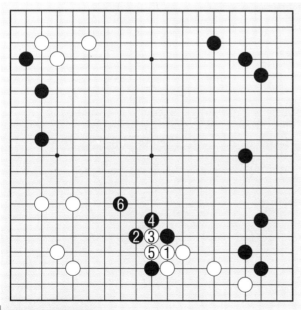
图6 轻易化解

问题 10 ▶▶

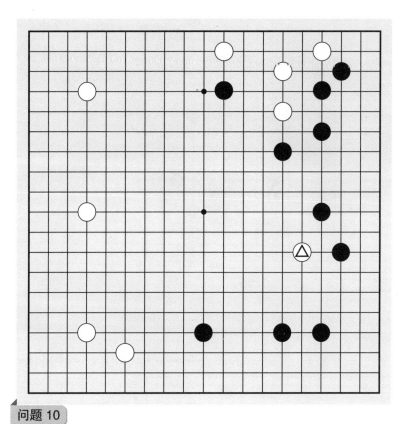

问题 10

　　白先。四周都是黑棋的势力范围，白棋如何处理白△已是焦点。在对方强大的势力范围内，必须将棋走轻。白棋若想将棋走轻，免受严厉攻击，应下在什么地方？

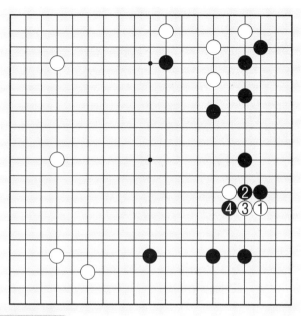

图1 强断

白1靠，但由于黑2顶，黑4断的强硬手段都能成立，白棋无理，遭到了黑棋沉重的打击。

图1 强断

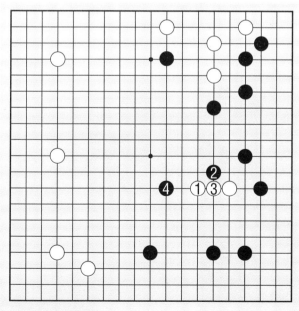

图2 白棋沉重

白1跳，试图向中腹出头，但被黑2刺，白棋沉重。黑4镇。出头受阻，白棋形势危急。

图2 白棋沉重

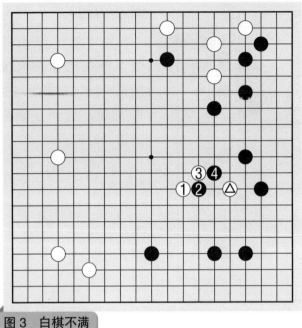

图3 白棋不满

图3 白棋不满

白1大跳出头无疑是轻灵的行棋方法，但黑2、4可断下白△一子，白棋不满。

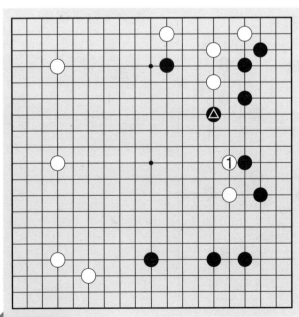

图4 正解

图4 正解

白1靠，问对方应手是正确的。由于有黑△一子，黑棋外势很强，白1靠，让黑棋本来就很强的地方再走厚，白棋也没有什么损失。

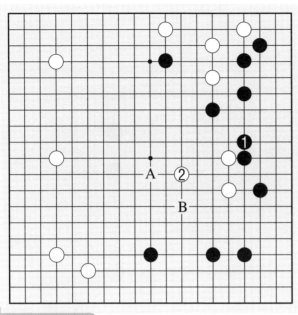

图5　轻易整形

图5　轻易整形

黑1长，白2大飞。白棋眼位丰富，棋形富有弹性，不轻易受攻。即使黑A执意进攻，白B后即可自身获得安定。在对方的势力范围内走棋时，将棋走轻是很重要的。

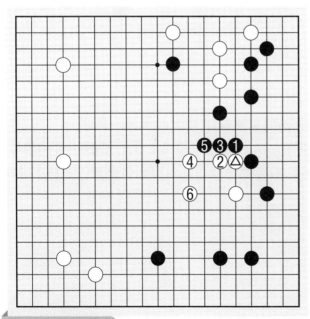

图6　安定的棋形

图6　安定的棋形

黑1扳的手段也可考虑。白2长，黑3长，白4跳均是基本对局方法。黑5下在白棋虎的要点上，白6跳整形，白棋再也不是受攻的棋形。从白△靠开始，白棋就已找到了处理棋形的方法。

问题 11 ▶▶

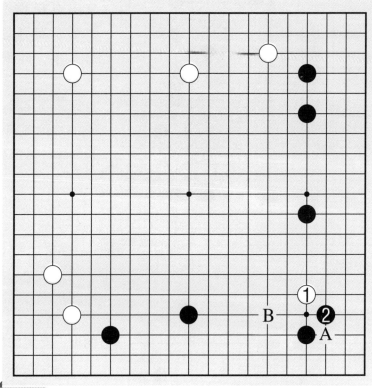

问题 11

白先。在中国流布局中，白 1 高挂是常用的手段。黑棋为了防止白 A 靠具备眼形，而不愿平淡地在黑 B 补，于是黑 2 尖，威胁白棋的眼位。黑棋的意图是诱使白棋走重，然后进行攻击。白棋如何整形？怎样下才是恰当的手段？

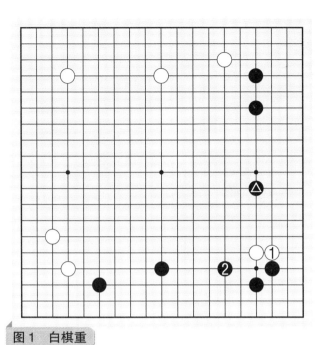

图1 白棋重

图1　白棋重

白1挡容易使白棋走重。黑2追攻时，白棋因受到黑△限制，拆边受到影响。白棋在获取安定的同时，也自然会使黑棋得到巩固。

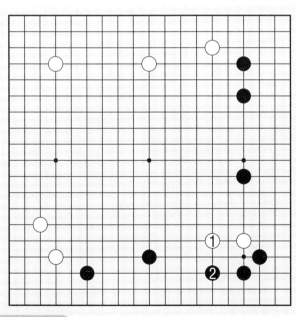

图2 平淡

图2　平淡

白1平淡地跳，黑2跟着跳，顺便补了自身的缺点，白棋意义不大。白棋的下一步棋仍不好下，白棋不满。

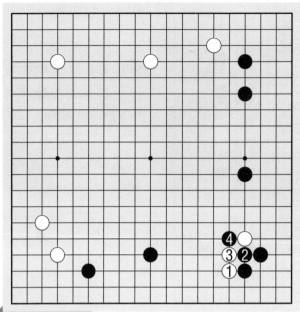

图3 黑棋强硬

图3 黑棋强硬

白1靠虽然看似是棋形上的要点，但被黑2、4强行切断，白棋不成立。白棋后续行棋很困难。

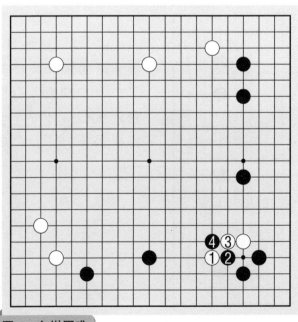

图4 白棋困难

图4 白棋困难

白1飞虽然想法很好，但同样被黑2、4断，白棋的下一步棋也很困难。

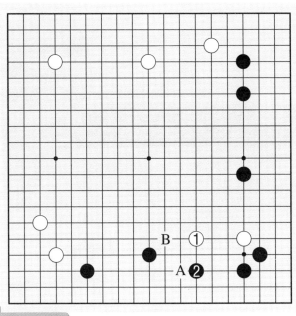

图5 正解

图5 正解

白1大跳是本图中恰当的方法。黑2补，白棋现在完全可以脱先。由于白棋非常轻灵，而且还有在A位靠和B位跳的先手手段，白棋不怕黑棋来攻。

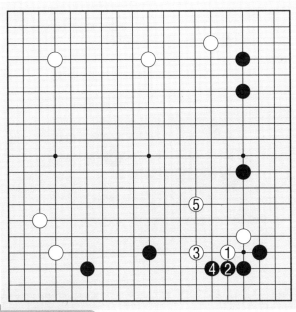

图6 其他手段

图6 其他手段

白1尖压迫黑棋的手段也是可以的。黑2长，白3跳，黑4长，白5大跳，白棋棋形非常充分。

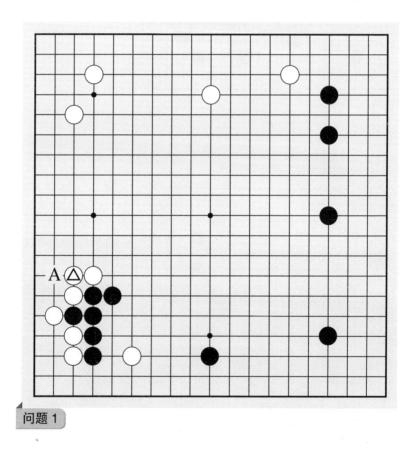

第6章

先手利用

问题 1 ▶▶

问题 1

黑先。一般情况下，白棋在 A 位虎，可不被对方所利用。现在白△接，面对白△的变化，黑棋应做出适当的反应，黑棋下一步棋如何下？

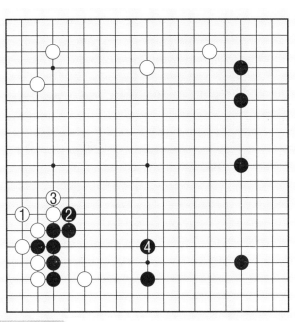

图1 定式

图1 定式

白1虎是基本定式，黑2拐是先手利用，白3长，黑4跳，扩张黑棋。双方完全值得一下。

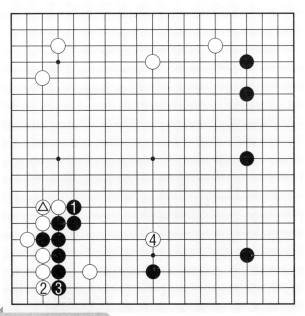

图2 白棋的意图

图2 白棋的意图

白△接，黑1拐就已不是先手。白2、黑3交换后，白4镇可以大幅度侵消黑棋。

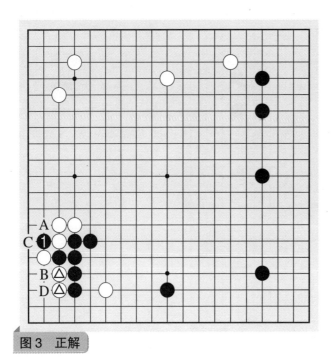

图3　正解

图3　正解

黑1断是正确的行棋要领。白棋不能下在A位。如白A打，黑B反打，白C提，黑D打，白△二子已死。

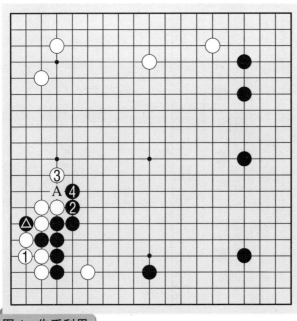

图4　先手利用

图4　先手利用

面对黑△的断，白1只能接，此时黑2拐是和黑△一起相配合的先手利用。白3跳是一种形，但被黑4占据虎的位置，A位的断点就显现出来。

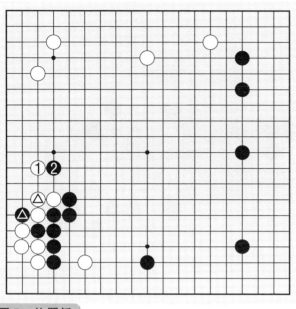

图5 位置低

图5 位置低

黑▲拐时，白1跳也是一种手段，黑2靠不仅是棋形的要点，而且把白棋压在低位，白棋不满。这是白△接、黑▲断后黑棋最大的利用成果。

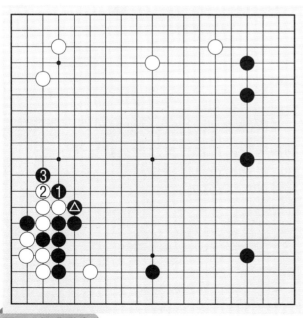

图6 很难脱先

图6 很难脱先

黑▲拐时，白棋如脱，被黑1、3强扳，白棋非常难堪。

问题 2 ▶▶

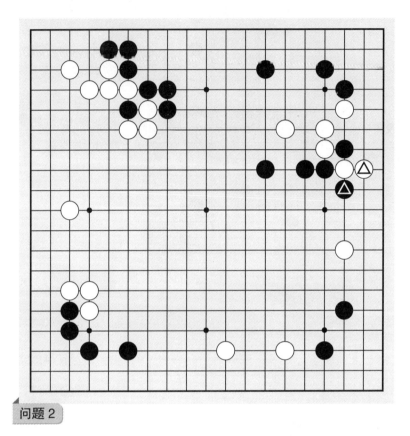

问题 2

黑先。本图是黑⬣打吃、白△长的棋形。黑棋目前虽然不能吃住白子，但也应寻求最大限度的利用手段。如何利用先手才最有效？

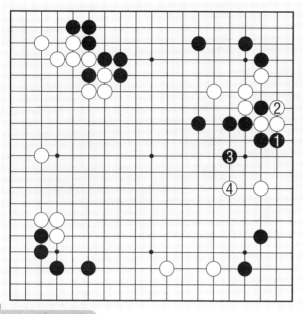

图1　效率不高

图1　效率不高

　　黑1挡，与白2交换之后，黑3整形。白4跳出，结果是黑棋不满。

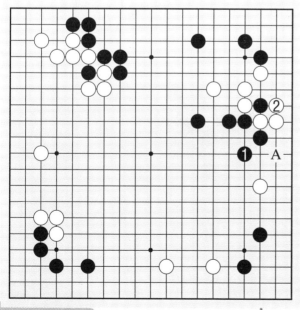

图2　后门敞开

图2　后门敞开

　　黑1虎虽然是先手利用的手段，但白2拐打后，由于A位的后门敞开着，黑棋收获不大。

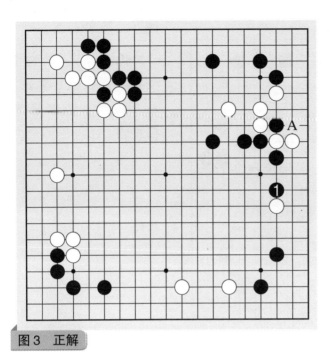

图3 正解

图3 正解

黑1靠是影响两侧白棋的对局要点。如黑A挡，白棋二子已必死无疑。

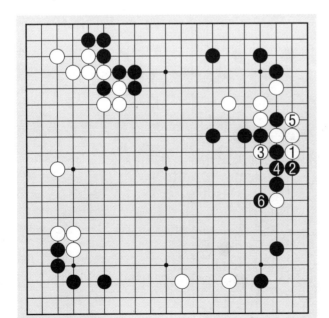

图4 大获成功

图4 大获成功

若白1、3先手利用之后，只好在白5打吃黑棋，那么黑6扳，控制白棋一子。黑大获成功。

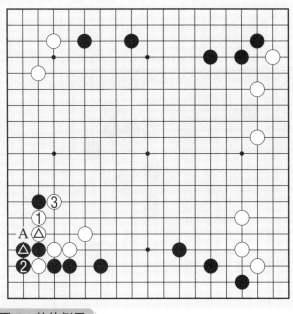

图5　其他例子

图5　其他例子

图5　其他例子

这是定式中出现的棋形。白△与黑△交换之后，白1顶是最有效的先手利用手段，黑2无奈只好打吃，白3控制黑棋一子之后，左边则已完全成为白棋的势力范围。白1如单纯地在A位挡，黑2打，白棋由于不能控制黑棋一子，白棋不满。

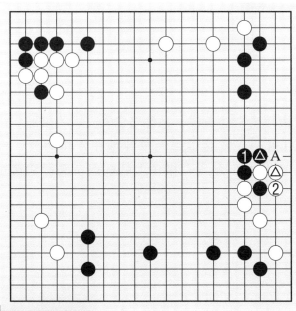

图6　有效的接

图6　有效的接

黑△打吃，白△长时，黑1接是最好的手段。如果黑A、白2交换之后，黑1再接，则黑棋会变成后手，黑棋不满。在三线上打吃后，应具备灵活的利用能力。

问题 3 ▶▶

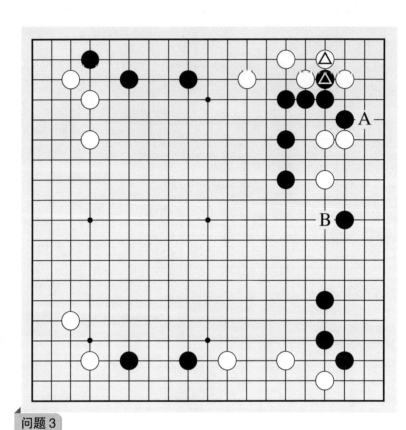

问题 3

黑先。本图的焦点是黑棋攻击右边白棋，黑△与白△交换的棋形。在攻击白棋之前，应该防止白棋在 A 位渡过，而单纯地在 A 位阻渡，白棋可通过在 B 位靠来化解。黑棋如何利用白棋角上的弱点，先行切断其连接？

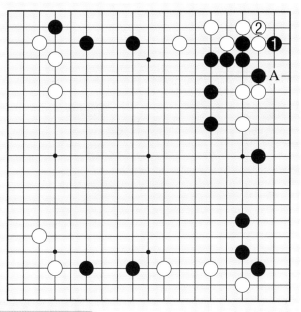

图 1　并非要点

图 1　并非要点

　　黑 1 夹看似要点，但白 2 接是冷静的好手。黑棋不能先手阻渡，白棋可在 A 位扳切断黑棋。

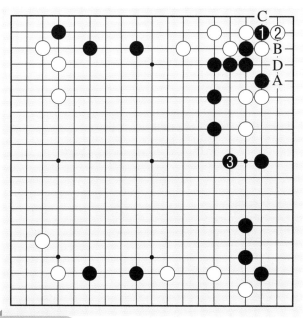

图 2　正解

图 2　正解

　　黑 1 断是先手防止白棋渡过的好手，白 2 打，黑 3 跳，其后白 A、黑 B、白 C、黑 D，白棋无法连接。

问题 4 ▶▶

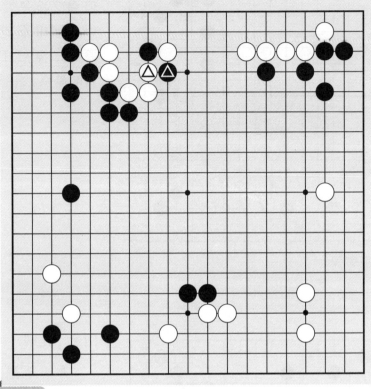

问题 4

　　黑先。本图是白棋的实地与黑棋的外势相抗衡的局面，上边的交战已成为焦点。黑△扳时，白△断，黑棋一子已无路可逃。黑棋应如何利用这一弃子而对外势的形成有所帮助？

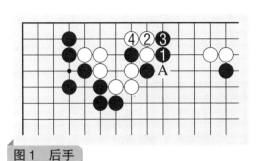

图1　后手

图1　后手

黑1打吃，然后黑3挡，被白4打吃黑棋一子时，A位已成为黑棋的负担，黑棋须后手补棋。

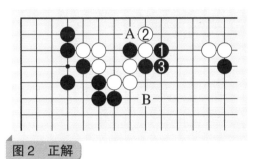

图2　正解

图2　正解

黑1打吃，黑3接是正确的利用手段。其后黑棋可以伺机占取A位或B位。

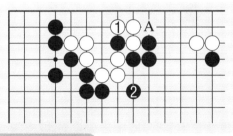

图3　外势强大

图3　外势强大

白1打吃，黑2封即可确保强大的外势。如果白1直接在A位拐，那么黑棋可以不应，单纯地封即可。

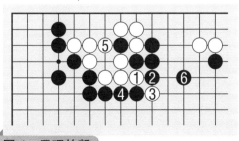

图4　无理的断

图4　无理的断

白1、3冲断，诱使双方展开激战，但是由于白棋自己气紧而无理。黑4先手打，然后黑6跳。处理白3已成为白棋的负担。

问题 5 ▶▶

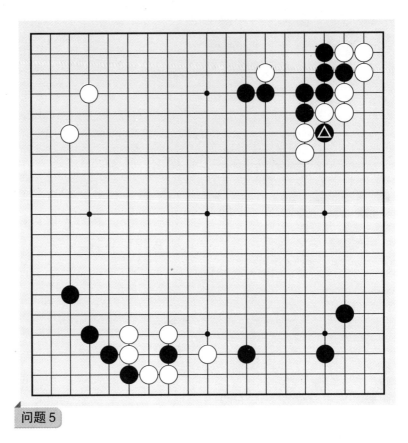

问题 5

黑先。黑▲一子如何出动已成为焦点，如果直接出动则会使棋走得太重而不利。目前黑棋有弃子整形的手段，应下在什么地方才是最恰当的？

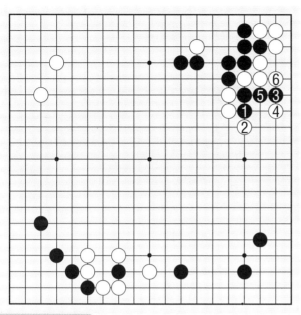

图1 黑棋必死

图1 黑棋必死

黑1直接出动是将黑棋走重的手段，白2扳头，黑3顽强抵抗，被黑4点，黑棋必死。

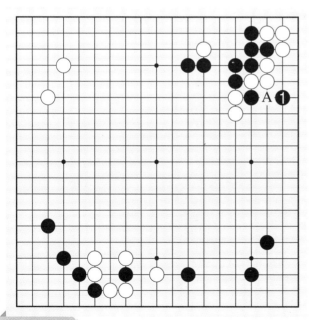

图2 正解

图2 正解

黑1是棋形的要害之处，也是正确的方法。诱使对方在A位打吃，这种弃子整形的方法是高级行棋方法。

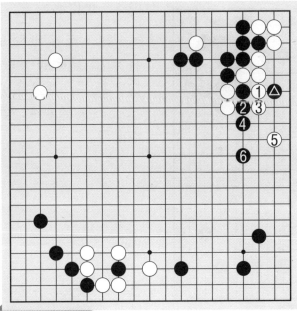

图 3　顺利转换

图 3　顺利转换

白 1 至黑 6 都是正常的进行，至此黑白双方顺利转换。黑棋应尽可能地发挥黑△的作用，而争取到中腹的主动权。

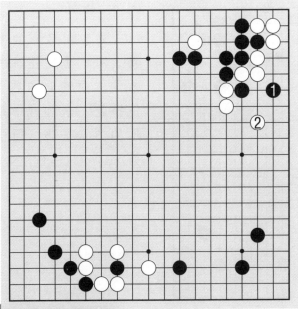

图 4　白棋强硬手段

图 4　白棋强硬手段

黑 1 单跳时，白 2 飞是白棋识破黑棋意图的强硬手段。黑棋应得不好就会失去手筋的效力。

图 5 黑棋略有不满

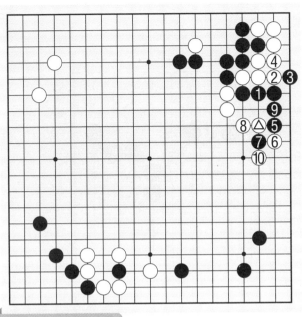

图 5　黑棋略有不满

白△飞时，黑1接是绝对手段。其后黑5靠，黑7断都是手筋。但是白8长时，黑9接，白10打吃黑棋一子，角上形成打劫活，由于白棋太厚，黑棋略有不满。

图 6　交换

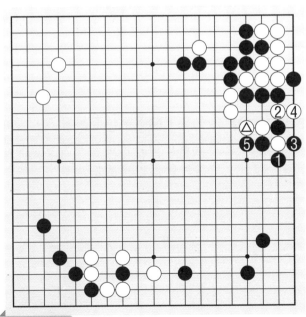

图 6　交换

白△长时，黑1先手打吃白棋一子是正确的手法。虽然黑棋四子被白棋吃住，但是黑5之后，黑棋在右下边得到了巨大的实地，黑棋很充分。

问题 6 ▶▶

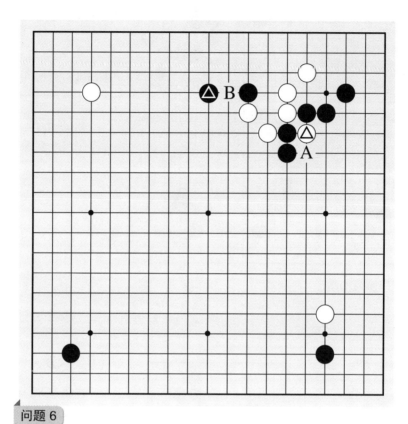

问题 6

　　白先。在右上角定式过程中黑△跳，如果黑△不跳，而是黑 A 打，白 B 扳，黑白双方将发生转换，黑棋不愿意如此进行，而欲寻求变化。现在白棋在气势上应出动白△一子，以什么方法才是最恰当的?

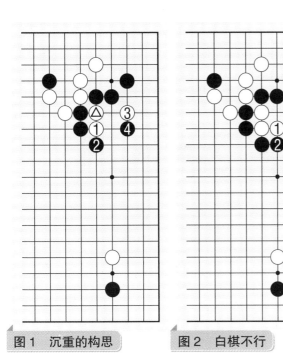

图 1　沉重的构思

图 2　白棋不行

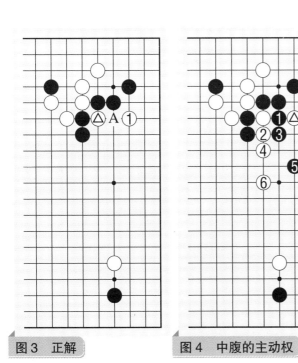

图 3　正解

图 4　中腹的主动权

图 1　沉重的构思

白 1 长直接出动白△子是沉重的构思，被黑 2 扳头，白棋不好，白 3 跳顽强抵抗，黑 4 是手筋，白棋很难化解。

图 2　白棋不行

白 1 走成空三角的愚形，本身就是坏棋，虽决心与角上黑棋进行对杀，但被黑 2 挡，黑 4 尖，白棋不行。

图 3　正解

白 1 跳，诱使黑棋在 A 位打吃，白△自然就能出动，这是行棋的要点，也是正解。

图 4　中腹的主动权

黑 1 打吃时，白 2 趁势出动，以下至白 6 都是一般的进行。白棋利用白△子，自然可以掌握中腹的主动权。

问题 7 ▶▶

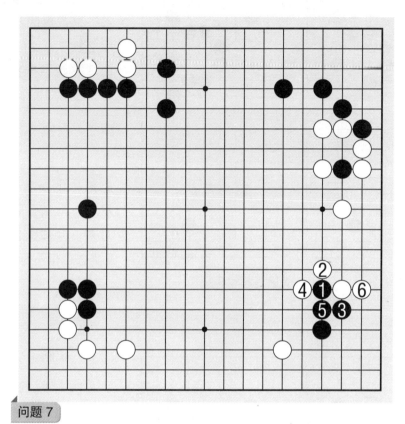

问题 7

　　黑先。本图是黑1压、黑3挡、白4打吃、白6下立的棋形。目前看似没有任何问题，但事实上白棋已选错了定式。黑棋如何追击白棋的错误并且自身定形？怎样的行棋次序才正确？

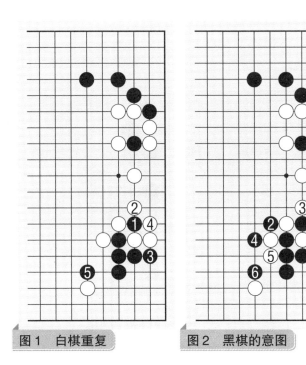

图 1 白棋重复

图 2 黑棋的意图

图 1 白棋重复

黑 1 断， 白 2 打吃是白棋的失手。黑 3、白 4 交换后，黑 5 跳，黑棋多少可以确保角上的实地，而且可以自然出头，相反白棋严重重复。

图 2 黑棋的意图

白 1 打吃虽是想要避免重复的手段，但黑 2 打吃后，白棋仍然不利。

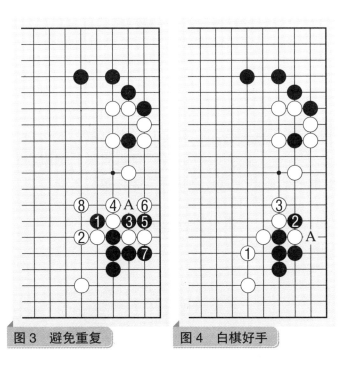

图 3 避免重复

图 4 白棋好手

图 3 避免重复

黑 1 断是失手。以下至白 8，白棋可避免棋形重复。白 8 如在 A 位打吃，由于黑棋角上能做活，此处可以脱先，故白棋应该慎重。

图 4 白棋好手

本题中白 1、3 是避免重复的好手。白棋在 A 位长是不负责任的手段，无法取得好的结果。

问题 8 ▶▶

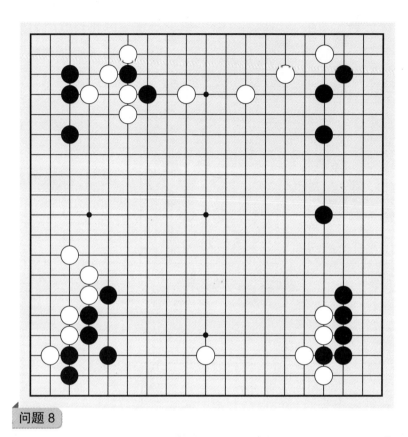

问题 8

　　黑先。目前，黑棋获取了珍贵的先手，准备攻击下边白棋。下边白棋棋形很薄弱，黑棋只要攻击得当，就会取得相当可观的战果。黑棋在进攻之前，应正确掌握白棋棋形的弱点，从什么地方下手才最好？

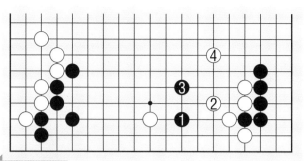

图1 混战

图1 混战

黑1直接打入，但白2虎已具备眼形，黑棋攻击不成立。黑3跳，白4大飞，结果很难看出谁攻击谁。

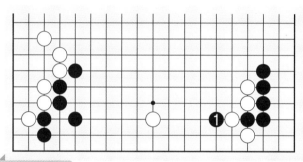

图2 正解

图2 正解

黑1夹，直接攻击白棋弱点，是正解。抓住对方的弱点，再决定下一步棋，这是下棋的基础。

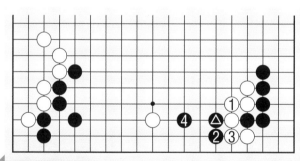

图3 黑棋强硬

图3 黑棋强硬

黑△夹，白1接，黑2先手立，黑4拆，右边白棋受到猛烈攻击。

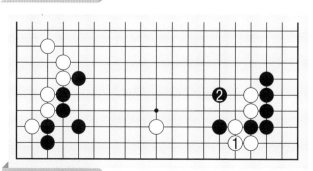

图4 白棋困难

图4 白棋困难

白1接，黑2跳攻击白棋。白棋的下一步应手很困难，形状过于臃肿，而黑棋棋形充满活力。

问题 9 ▶▶

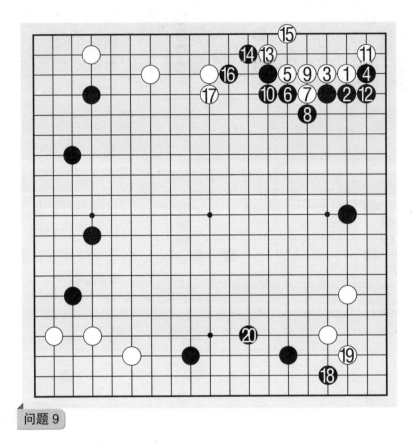

问题 9

白先。白 1 点三三，黑 2 挡，白 3 长都是实战中经常出现的棋形，此时黑 4 扳是充分利用已有棋子的好手，白 5 靠也是行棋的基本要领。至白 17 为止，黑棋脱先补下边。白棋应如何利用黑棋右上角的断点？

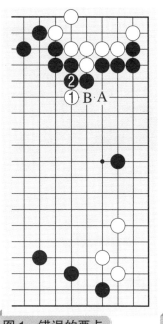

图 1 错误的要点

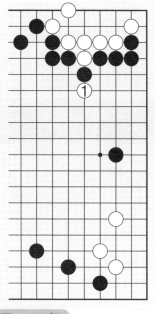

图 2 正解

图 1 错误的要点

白 1 刺 时，黑 2 接，白棋没有下一步应手。白 A 再 刺，黑 B 冲，白棋非常沉重。

图 2 正解

白 1 夹是攻击黑棋模样的要点，白棋可从中寻找机会。

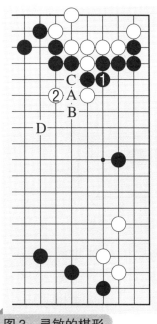

图 3 灵敏的棋形

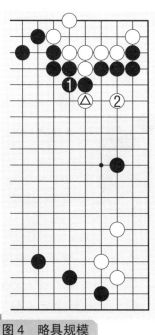

图 4 略具规模

图 3 灵敏的棋形

黑 1 接，白 2 跳是白棋轻快的手法。其后黑 A 挖补断点，白 B、黑 C、白 D，白棋棋形灵敏。

图 4 略具规模

黑 1 接，白 2 跳是好手，白已找到进攻的步调。白△夹的下法值得学习，此类棋形，仅此一手就可使己方不管怎样都能寻找到行棋的机会。

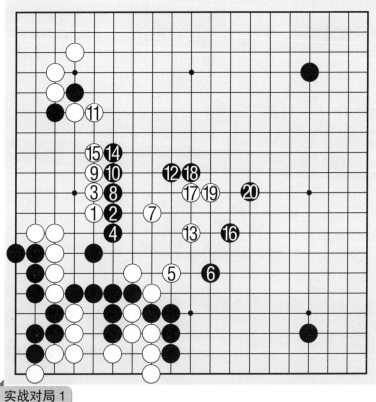

第7章

实战解析

实战对局1 ▶▶

实战对局 1

　　白1飞不仅可以扩张左边白阵，而且还能攻击黑棋，对此黑2靠，准备大范围攻击白棋二子，这样白5以下的战斗是必然的。到黑20为止，全是实战的进程，黑棋通过进攻大幅度扩张右下边，结果黑棋成功。现在将与战斗相关的进程一一进行分析。

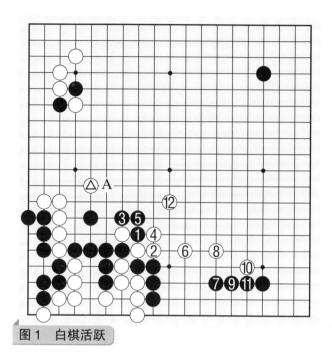

图 1　白棋活跃

图 1　白棋活跃

白△飞时，黑棋不在 A 位靠而在本图 1、3 位打吃白棋一子，是黑棋的消极想法。白 4 先手打，其后白 6、8、10 使下边定形，白 12 占据大势的要点之后，白棋局面活跃。

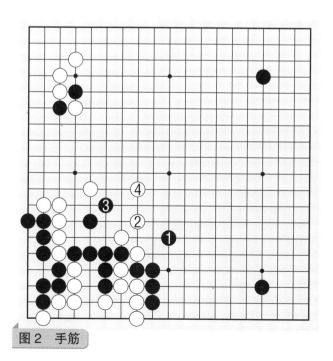

图 2　手筋

图 2　手筋

黑 1 飞是重视下边的手段，白 2 虎准备救活白棋二子，白棋二子是棋筋，不能轻易被吃。到白 4 为止，战斗对白棋有利。

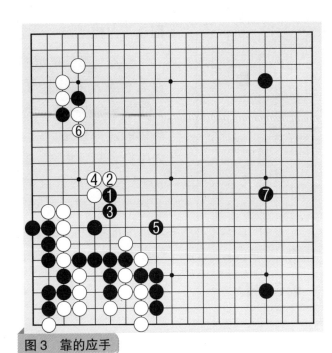

图3 靠的应手

图3 靠的应手

黑1靠时，白棋通常是白2扳。但在这种情况下，白4不可避免要补，黑5围吃白棋二子，白棋不满。白6长完成左边白棋模样，黑7展开，黑棋局面有望。当对方靠时，不要急于扳，应该根据具体情况而定。

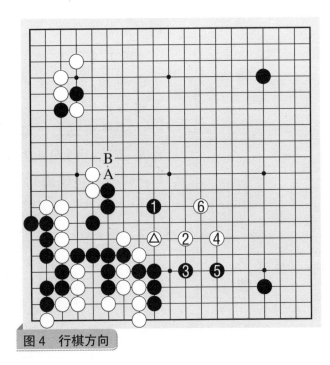

图4 行棋方向

图4 行棋方向

白△虎，欲救活二子时，黑于本图2位行棋是攻击白棋正确的方向。左侧黑棋由于有在黑A、白B的先手，并非弱棋。而像本图中黑棋无视进攻方向，在1位进攻白棋，白2、4、6出头，白棋反而掌握了进攻的主动权。

战斗中行棋方向特别重要。

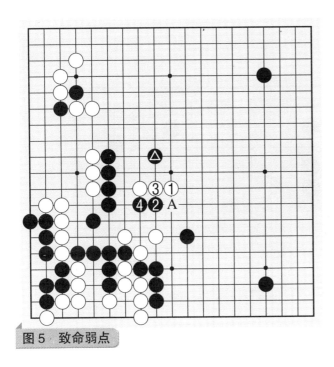

图 5 致命弱点

图 5 致命弱点

在战斗过程中另一个要注意的要点是，应避免留下弱点。如果一着不慎，就会招致满盘皆输。黑△进攻时，白 1 跳是忽视自身弱点的手段，会被黑 2、4 追击。白棋在 A 位飞是正确的行棋方向。

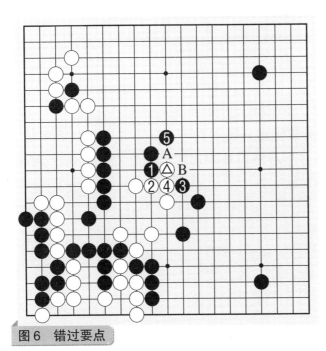

图 6 错过要点

图 6 错过要点

白△飞，试图向中腹出头，实战中黑 A 与白 B 交换错过了要点。黑 1 冲问白棋应手是好手，白 2 挡，黑 3 先手刺后，黑 5 尖，黑棋有望取得更好的结果。

实战对局 2 ▶▶

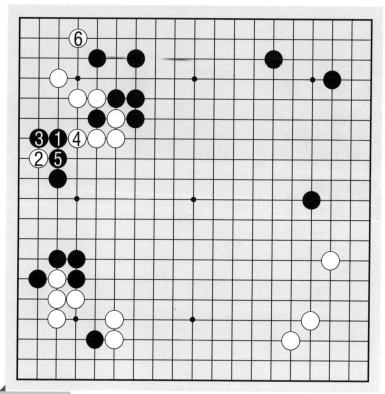

实战对局 2

　　这是职业高段棋手的实战棋谱。黑 1 拆时，白 2 透点，准备弃掉一子，而争取先手补白棋的弱点。到白 6 为止，白棋有效地获得了安定。请看围绕黑 1 所展开的攻防战。

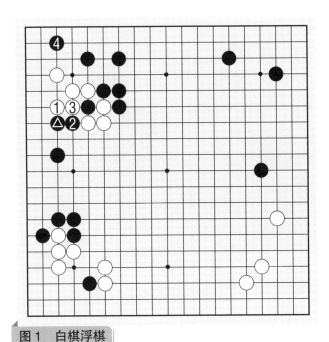

图 1 白棋浮棋

黑 ▲ 拆时，白 1
虎，黑 2 先手利用后，
黑 4 飞，白棋成为
浮棋。

图 1 白棋浮棋

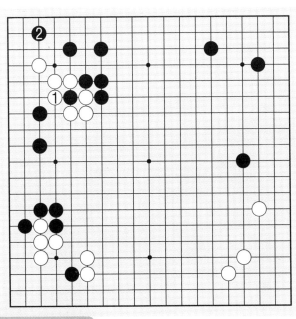

图 2 白棋消极

白 1 直接提子，
是不想像图 1 那样被
先手利用，但白棋棋
形差，并且被黑 2 飞
后，仍然没有根，白
棋形势不好。

图 2 白棋消极

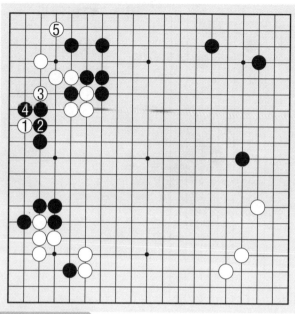

图3　刺的妙处

图3　刺的妙处

白1刺是这种棋形中的手筋，是准备先手提黑棋的试探手段。黑2接，白3先手利用，白5飞，白棋守角成功。

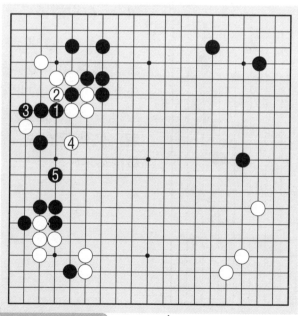

图4　强硬的手段

图4　强硬的手段

黑1顶不想让白棋具备眼形，是强硬的手段。白2提，黑3虽能吃住白棋一子，白4跳，黑5补，白棋仍很充分。

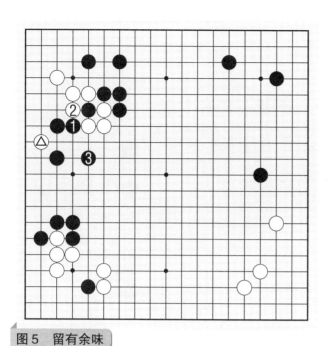

图5　留有余味

图5　留有余味

黑1先手之后，黑3跳，准备进攻整块白棋。但白△仍留有余味，白棋有在角上求活和向中腹出头的手段，白棋仍值得一下。

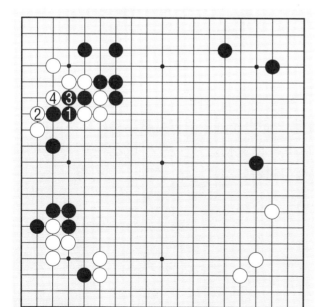

图6　双刃剑

图6　双刃剑

黑1顶时，白2渡过的手段也是存在的。黑3连接，白4渡，黑棋棋形很坏，而白棋在左边取得的实空也不小。不过这种连接由于会使白棋三子悬在空中，因此应考虑周围情况再决定。

实战对局 3 ▶▶

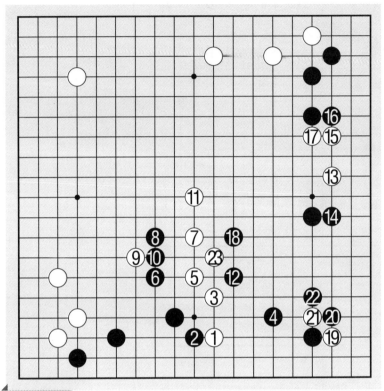

实战对局 3

　　这是刘昌赫与曹薰铉在第 2 届棋圣战中的一盘棋。刘昌赫所下的黑棋攻击华丽，曹薰铉所下的白棋行棋流畅。白 1 打入下边黑阵，黑棋当即在黑 2 尖顶，形成了到白 23 的进程。

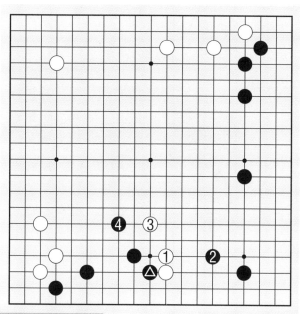

图1　白棋略沉重

图1　白棋略沉重

黑▲尖顶时，白1长是普通的对局方法，但是被黑2攻击，略显沉重。在敌阵中能轻松行动才是对局的秘诀。

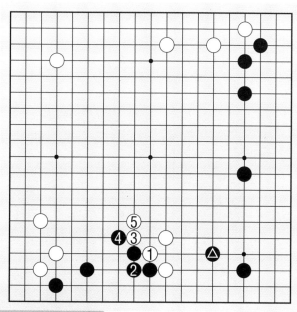

图2　使对方加固

图2　使对方加固

黑▲飞时，白1是含蓄的对局手段，至白5为止，白棋虽能整形，但却使黑棋得以巩固，这是白棋的缺陷。

图3　败着

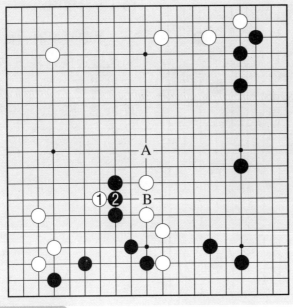

图3　败着

白棋在 A 位跳之前，先进行白1、黑2的交换，是出头过程中的先手利用。但是这手棋却使白棋变薄了，单纯地在 A 位跳是正确的。B 位的利用价值要比白1、黑2交换的价值更大，白棋痛苦。

图4　好点

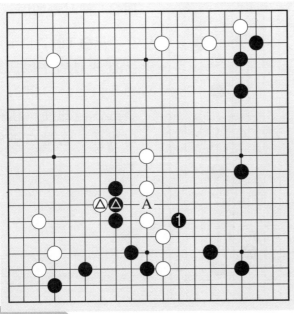

图4　好点

黑1走象步是攻击白棋失误的好点。由于黑棋下在了白棋的虎的位置，白棋棋形变薄了。黑1使白棋大龙变弱后，将来在 A 点挖是很凶的手段。通过这手棋就可看出白△和黑△交换为什么会是恶手。

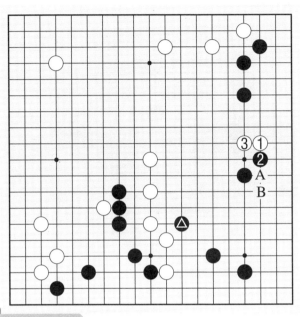

图5 有弱点

图5 有弱点

黑▲占据要点，白试图拼命时，白1打入是具有气势的手段。此时黑棋在 A 位下成玉柱是冷静的好手。黑2虽然也可考虑，但由于右下黑阵已足够大，B 位会成为其弱点。

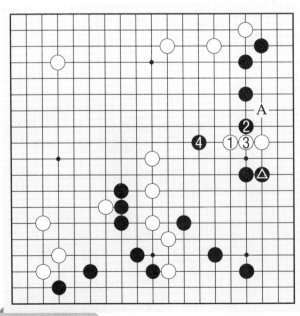

图6 白棋太重

图6 白棋太重

黑▲立时，白 A 跳虽是普通的俗手，但在这种情况下却是正确的方法。白1跳的手段虽然也可考虑，但黑2、4之后，白棋两块棋受攻，白棋太重。

实战对局 4 ▶▶

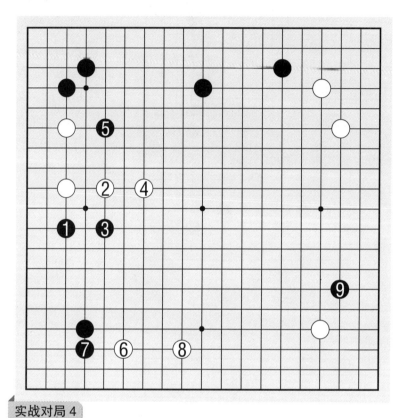

实战对局 4

　　这是业余高段棋手的实战棋谱，黑 1 夹攻，到黑 9 为实战的进程。
虽然进程很平淡，但通过一手一手棋来分析，可以发现白棋的异常，让
我们来看看其异常所在。

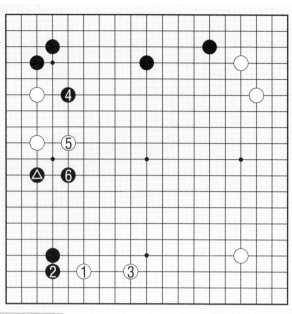

图1 脱先

图1 脱先

针对黑▲，白棋如果脱先，白1、3之后，黑4封是绝好点。白5跳出，黑6追攻，黑棋在上边和左边形成外势时，白棋却仍是匆忙逃跑的棋形。黑4是扩张和攻击兼备的绝好点，我们要牢记。

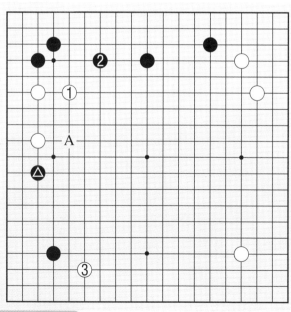

图2 绝好点

图2 绝好点

针对黑▲，白1是攻守兼备的绝好点。白1跳要比白棋在A位跳更为灵活，并且牵制黑棋的势力扩张。黑2补，白3即可转身在左下角挂。

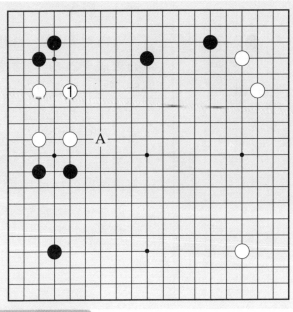

图3 白棋过缓

图3 白棋过缓

实战图中的白A跳下得过缓。由于白棋并非是严重受攻的棋形，脱先应是正确的方向，如果巩固自己，也应下在白1的位置。

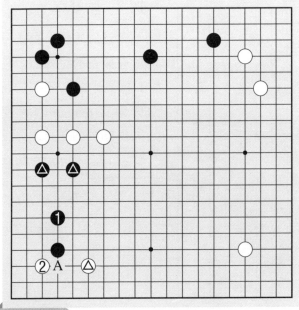

图4 重复

图4 重复

白△挂时，黑A是黑棋冷静的手段，并且已经考虑到了黑△，黑1平凡地跳，被白2占角，黑棋重复的味道很浓。

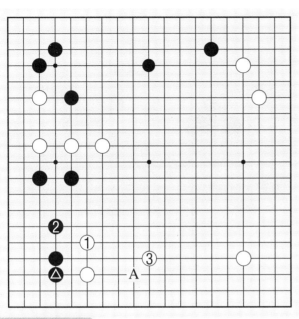

图5 白棋失算

图5　白棋失算

黑△补时，白棋不在 A 位展开，而是白1、3展开不好。这样不仅使黑棋得以巩固，而自己还有被打入的弱点。

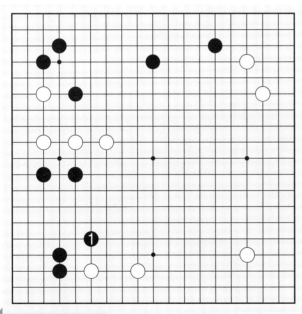

图6　普通的防守

图6　普通的防守

白棋拆二，获取安定时，黑棋未在右下角挂，而是普通的在1位守住左边。由于上侧白棋大龙仍然没有安定，下侧白棋拆二的棋形仍是弱形，黑棋将黑地全部当作自己的实地也无妨。

实战对局5 ▶▶

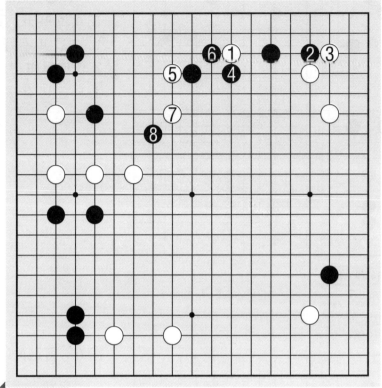

实战对局5

　　这是业余高段棋手的实战棋谱。在布局尚未结束时，白1首先打入挑起战火，之后有了黑2至黑8的进展。弈至黑8的结果是白棋被分割成两块，而且都没有根，白棋极其不利。究竟什么原因造成这种结果？

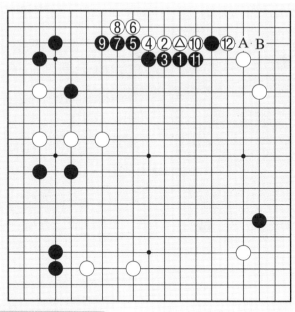

图1 黑棋的意图

图1 黑棋的意图

白△打入时，黑A靠与白B交换，就完全否决了图1的进行。黑1至白12都是预料的次序。白12夹过，白棋实地太大，黑棋在心情上多少有点坏，但是黑棋也筑起了铁壁般的外势，并且可以攻击左边的白棋，仍充分可下。

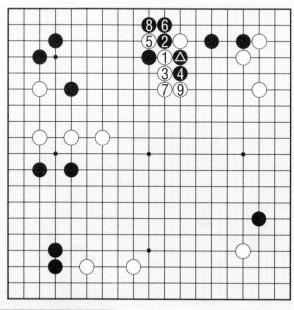

图2 白棋外势强大

图2 白棋外势强大

黑△压，白1挖是这种棋形的恰当手段。白棋征子有利，黑棋考虑到征子的因素，黑2至黑8如果选择实地，白9拐头，那么白棋的外势过于强大。因此黑△也是疑问手。

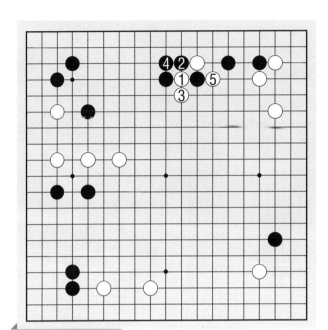

图3 征子和连接

图3 征子和连接

白1挖，黑2打吃，由于黑棋征子不利，黑4接不成立。至白5为止，黑棋一子被征吃，黑损。

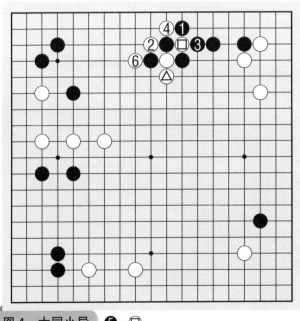

图4 大同小异 ❺=☐

图4 大同小异

现在是白△长时，黑1打吃的变化。黑1后，白2打吃，黑3提，白4争先是要领。黑棋由于没有很好的劫材，黑5只好接，白6征吃黑棋一子，结果与图2大同小异。

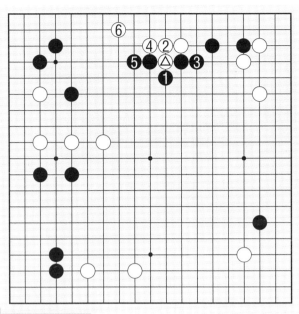

图5 白棋满足

白△挖时，黑1打吃，黑3长，白2、4、6取地做活，黑棋不满。

图5 白棋满足

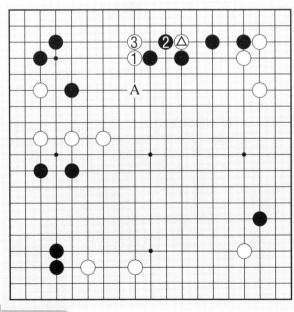

图6 气势

白1后，黑2虎是大坏棋。此时白棋不在A位跳，而是白3立，这手棋是具有气势的一手棋，其目的是伺机救活白△。

图6 气势

实战对局 6 ▶▶

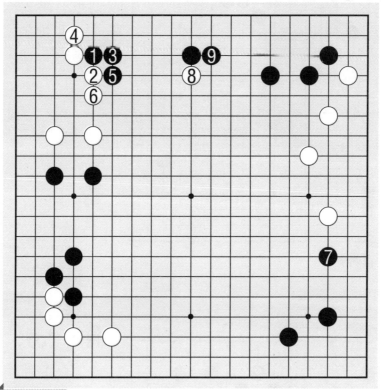

实战对局6

　　在布局即将结束时，黑1靠，目的是先手定形，然后黑7拆占据大场。到黑7为止，完全是按照黑棋的意图进行。白8靠问黑棋的应手，黑9长。现在我们分析一下黑1和白8两处靠的好坏与变化。

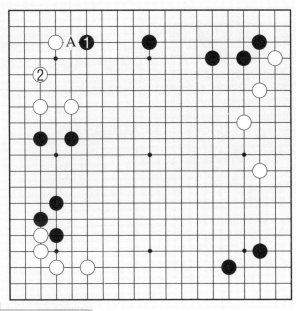

图1 靠是坏棋

图1 靠是坏棋

黑棋在A位靠会使白棋走厚，因而是大坏棋。由于左上角白棋仍有很多可以利用的手段，黑1拆是好手。白棋角上比较薄，因而白2补。这种结果与实战对局图相比，黑棋结果好。

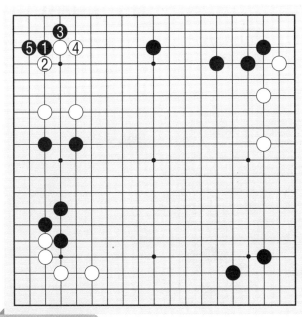

图2 靠的方法

图2 靠的方法

如果一定要选择靠，不在4位靠，而在1位靠是正确的。当然黑1靠的目的并非是为了求活，而是最大限度地利用白棋的缺点。其后白2扳，黑3反扳是要领。白4长，黑5也长，黑棋活角。

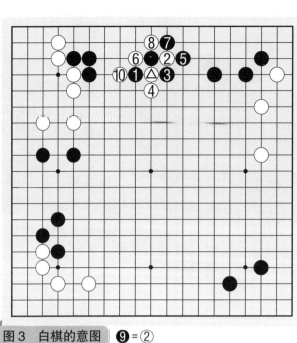

图3　白棋的意图　❾=②

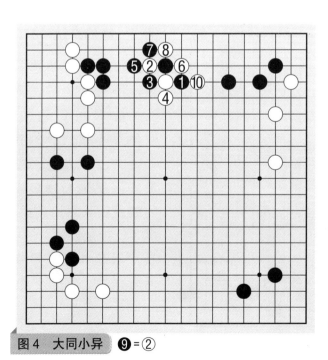

图4　大同小异　❾=②

图3　白棋的意图

白△的意思是希望黑棋在1位或3位扳。如果黑1扳，白2反扳，黑3以下至白10，白棋如愿以偿。

图4　大同小异

黑1扳的结果与图3相比大同小异，白2以下至白10，黑棋一子被白棋征吃，明显是黑棋受损。

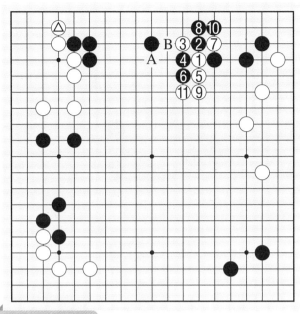

图5 靠的方法

图5 靠的方法

白A靠，黑B长，白棋使黑棋走厚，这是白棋的大错。白△下立后，上边左侧黑棋价值有限。如果真要选择靠，也不应在A位，而应选择1位。黑2以下至白11，白棋无疑形势要好。

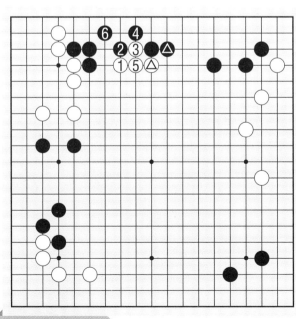

图6 白棋的决定

图6 白棋的决定

黑△长时，白1、3、5是要领，这样定形是好手。如果白棋在这里脱先，而被黑在5位扳住，白△就会变成坏棋。

实战对局 7 ▶▶

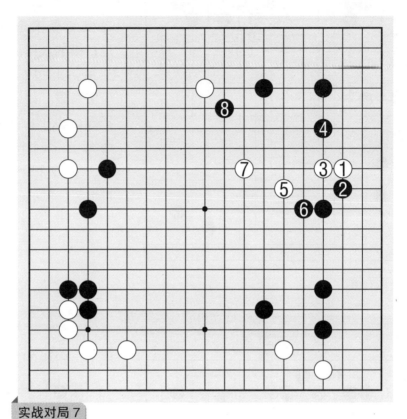

实战对局 7

本图是黑棋外势与白棋实地相对抗的棋形。白 1 打入产生了变化，白棋由于其各地的实地已很坚实，如在此地轻易脱身，则局面会对黑棋不利，但是黑棋的抵抗也很顽强。白 1 打入，黑 2 尖顶，以下至黑 8，让我们来体会一下对局的韵味。

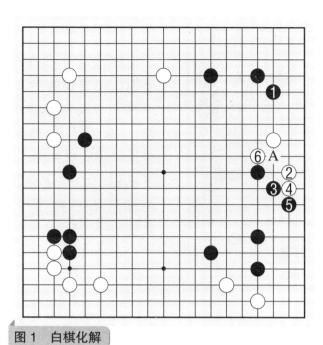

图1　白棋化解

图1　白棋化解

实战图中，黑棋不下在Ａ位，而下在1位，这手棋无疑可以确保角地，但白2至白6，白棋已获安定，黑棋难以接受。其中白6尖顶是具有弹性的要点。

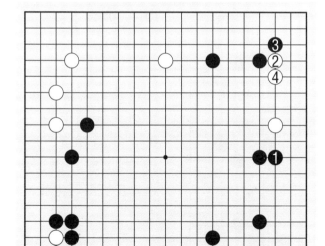

图2　白棋轻易做活

图2　白棋轻易做活

黑1下立在一定的情况下，虽然是有力的手段，但白2靠，就可轻易做活。黑棋应寻求更有力的攻击方法。

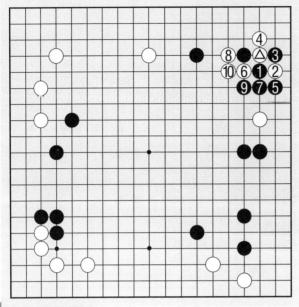

图3　黑棋大损

图3　黑棋大损

白△靠，黑1从外侧挡是强硬的手法，但被白2反扳轻易化解。其后黑3、5显然是贪图实地的俗手，下至白10，右上角已全部落入白棋手中，黑棋大损。

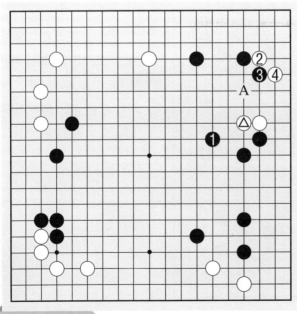

图4　徒劳无功

图4　徒劳无功

白△长时，黑A进攻白棋是正确的方法。黑1飞攻虽然也可以考虑，但白2靠是化解的要点，黑棋没有收获。黑3扳，白4反扳即可化解。

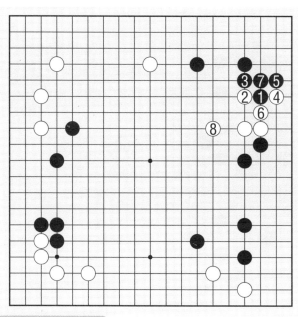

图 5 被白棋利用

图 5　被白棋利用

黑1飞攻时，被白2利用，黑棋痛苦。到白6为止，白棋先手利用后，白8跳出，黑棋再攻击白棋已很不容易。

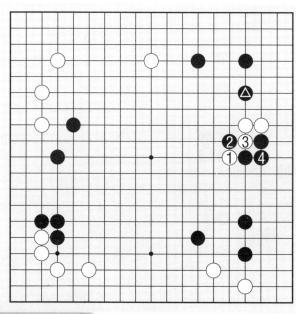

图 6 无理的靠

图 6　无理的靠

黑▲攻击时，白1靠是化解的常用手段，但是由于白棋征子不利，黑2扳断后，白棋困难。因此周围的情况不同，对策也应不同。

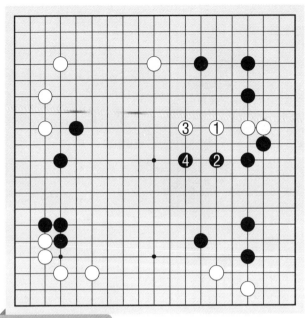

图7 黑棋实地大

图 7　黑棋实地大

白 1 单纯逃跑不是好手，会继续受黑棋的追击。由于右边黑棋实在太大，白棋不满意。

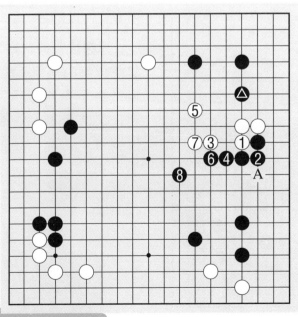

图8 无用的交换

图 8　无用的交换

黑△进攻时，白 1 与黑 2 交换后，白 3 跳定形，但这一交换对白棋有损，应该直接白 3 飞，这样留有在 A 位打入的余味，而且本图的黑棋棋形已没有任何弱点，是很厚的棋形。

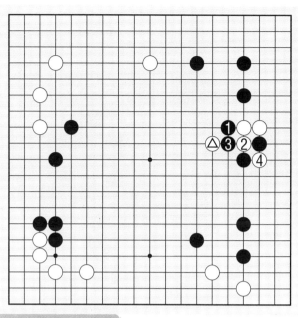

图9 黑棋没有效果

白△飞时，黑1跨断是轻率的下法。白2、4吃住黑棋一子，即已做活，结果黑棋失算。

图9 黑棋没有效果

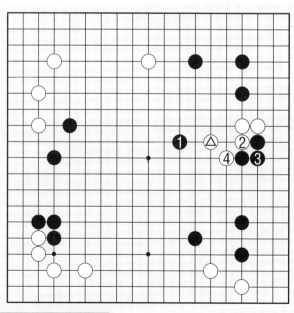

图10 棋形有弹性

针对白△，黑1镇虽是攻击白棋整体的手段，但白2、4是具有弹性的棋形，黑棋攻击不成立。

图10 棋形有弹性

实战对局 8 ▸▸

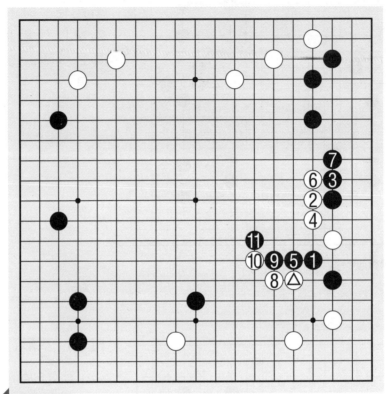

实战对局 8

　　这是职业棋手下出的棋形。白△镇时，黑1逃跑，白2压，以下至黑11，都是必然的次序。这些次序对于职业棋手是一眼就能看出来的，而对业余棋手来说绝非轻易就能下出这样的棋来。让我们来品味高手的棋吧。

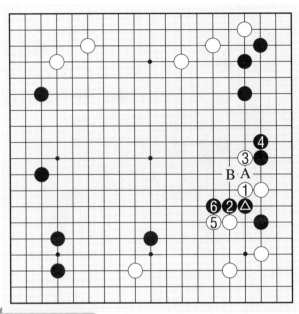

图1 次序错误

图1 次序错误

黑△试图出头时，白1长，白3压是次序错误，与白棋在3位压、A位连差距很大，黑2、6冲后，白棋棋形很坏。其后黑B刺是先手，黑棋活动余地大。

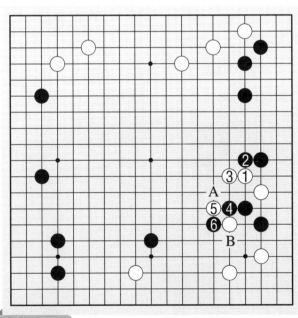

图2 俗手

图2 俗手

白1尖是典型的缺乏力量的俗手。黑2争先后，黑4、6断，伺机占据A位或B位，白棋不行。

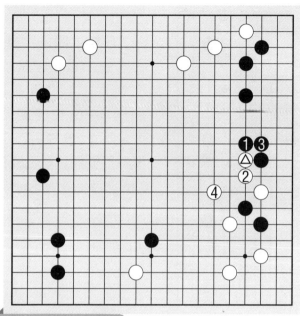

图3 胜负立见分晓

图3 胜负立见分晓

白△压，黑1扳，黑3接，白4飞封，黑棋二子被吃住，胜负已见分晓。

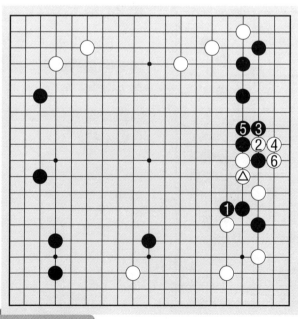

图4 白棋满足

图4 白棋满足

白△退时，黑1长。此时白2断，黑3以下至白6，白棋轻易做活，黑棋不满。

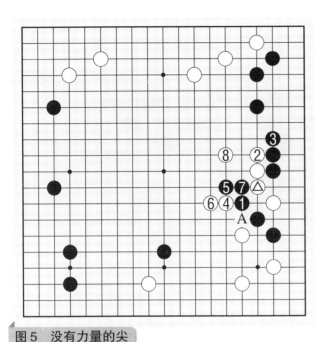

图5　没有力量的尖

图5　没有力量的尖

白△退时黑棋不下在A位，而是黑1尖，白2争先后，白4靠是要点，黑棋棋形崩溃。白△时，黑棋下在A位仍是正确的方法。

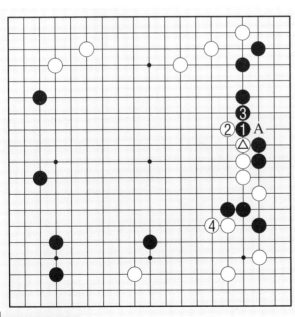

图6　被利用

图6　被利用

白△长时，黑棋无意义地黑1扳，由于黑棋有A位的断点，会被白2利用，黑棋痛苦。白4长，由于有白2，黑棋在随后的战斗中，会很疲劳。

实战对局 9 ▶▶

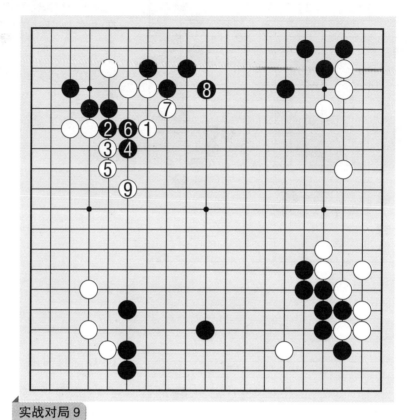

实战对局 9

　　从白 1 跳开始至白 9，双方展开了围绕着封锁与出头的攻防战，白棋有攻势，黑棋局面不利。引人注意的是黑 2、4、6 连走成愚形不好，黑棋应下在什么地方才是理想的手段？黑棋哪里下错了？

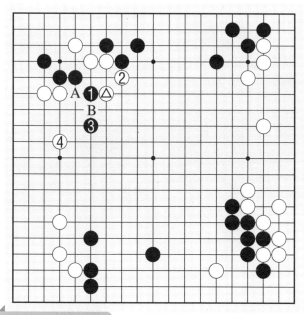

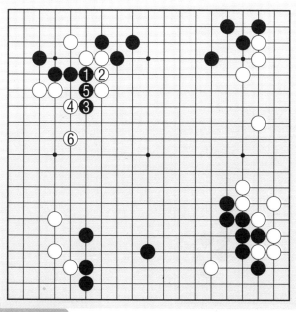

图1 片面的守势

白△时，黑棋未在A位拐，而是黑1尖顶，被白2虎，黑棋不好。黑3跳，试图出头，白4拆后，黑棋有B位断点，而且上边黑棋也不能不理。

图1 片面的守势

图2 恶手

黑1与白2交换后，黑3跳，这种交换是大恶手，会受到白4、6攻击，白棋顺势围好左边，黑棋无根，只能继续逃窜。

图2 恶手

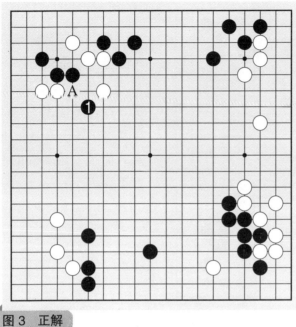

图3　正解

图3　正解

实战中结果坏的原因是黑棋在A位出头。错误的出头方法会对大局产生坏的影响，黑1飞出头是正确的。同时黑1飞还避免出现愚形。

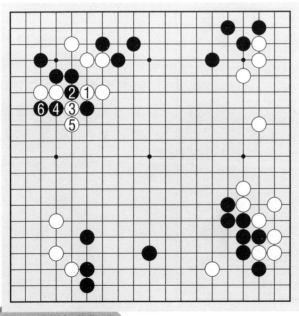

图4　黑棋轻易做活

图4　黑棋轻易做活

白1、3断，黑4、6吃住白棋二子可轻易做活，黑棋没有任何不满。

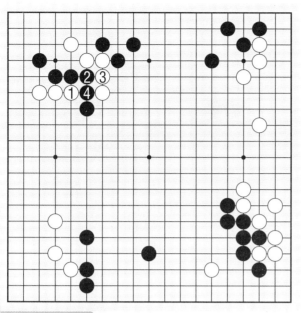

图5 白棋无理

图5 白棋无理

白1长，试图切断黑棋，被黑2、4冲出，白棋被冲断成两块，白棋不好。

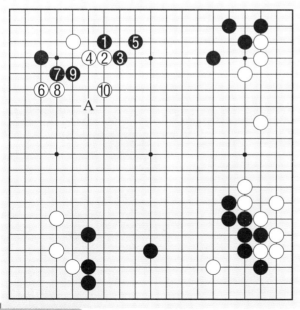

图6 经过图

图6 经过图

实战是黑1夹攻，白2至白6，白棋进行反攻。黑7、9试图向中腹出头，白10跳时即形成了实战图的棋形。实战中，黑A飞出头是常用手段，我们应记住。

实战对局 10 ▶▶

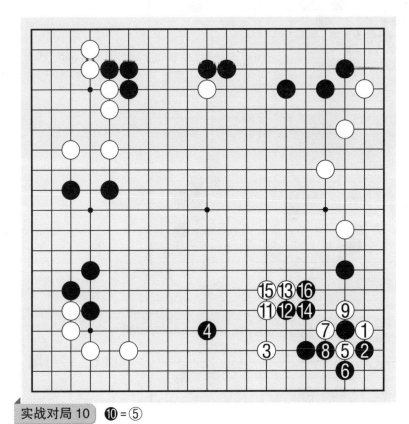

实战对局 10　⑩ = ⑤

　　白 1 托问黑棋的应手，黑 2 扳，以下进行至黑 16，双方均有失误。其中白 1 和黑 12 是拘泥于棋形的恶手。怎么下才是正确的方法？

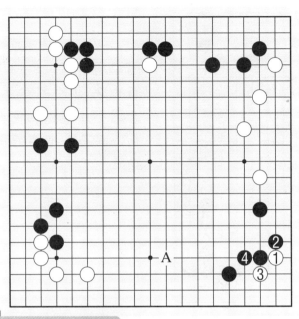

图1 白棋为时过早

图1 白棋为时过早

白1托为时尚早，是恶手，被黑2、4之后，白棋将很困难。白1单纯地在A位拆是正确的方法。

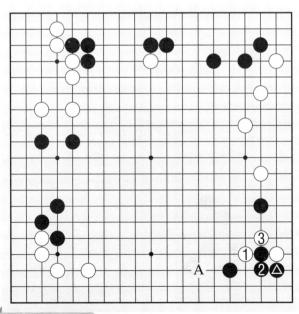

图2 利用手段

图2 利用手段

黑△扳时，白棋如不在A位逼，而在本图中1位夹是好手。下至白3，白棋已成功达到了利用的目的。

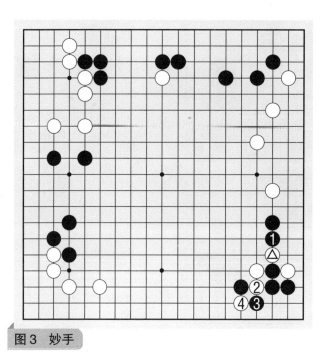

图3 妙手

图3 妙手

白△时，黑1顶试图取得连接，但白棋有白2、4断的妙手。此后不论黑棋如何变化，都不会取得好的结果。

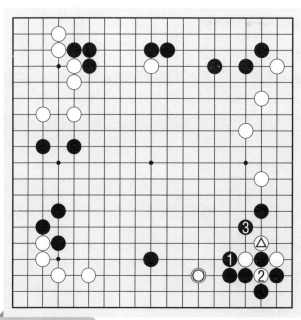

图4 劫材不足

图4 劫材不足

实战图中，白△打吃时，黑棋在2位接是过于屈服的下法，在1位打吃、3位封是正确的方法。白棋不仅没有适当的劫材，而且白棋◎一子也已变为恶手。

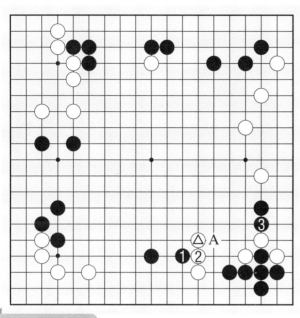

图5　靠不必要

图5　靠不必要

白△逃跑时，黑A靠吃右边白棋三子，使左边白棋得以巩固，黑棋受损很大。黑A是疑问手。黑1刺，然后黑3试图渡过，是黑棋最好的选择，结果白棋一无所获。

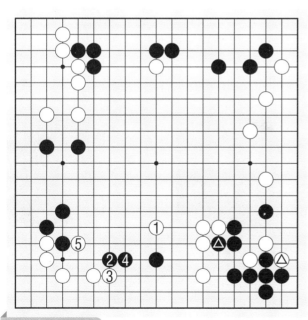

图6　靠是恶手

图6　靠是恶手

白1镇，到白5为止，白棋攻击黑棋三子，白棋成功，而这一切都是黑▲造成的恶果。实战中黑▲和白△都是恶手，由此可以看出类似"靠"的手段，使用时机和周围棋子配置情况是多么的重要。

曹薰铉、李昌镐精讲围棋系列

 **第一辑**

精讲围棋官子 . 官子计算
精讲围棋官子 . 官子手筋
精讲围棋官子 . 官子次序

 **第二辑**

精讲围棋棋形 . 定式常型
精讲围棋棋形 . 棋形急所
精讲围棋棋形 . 手筋常型

 **第三辑**

精讲围棋布局 . 布局基础
精讲围棋布局 . 布局技巧
精讲围棋布局 . 布局实战1
精讲围棋布局 . 布局实战2
精讲围棋布局 . 布局实战3

 **第四辑**

精讲围棋定式 . 星定式
精讲围棋定式 . 小目定式
精讲围棋定式 . 目外高目三三定式
精讲围棋定式 . 定式选择
精讲围棋定式 . 定式活用

 **第五辑**

精讲围棋对局技巧 . 基本技巧
精讲围棋对局技巧 . 接触战
精讲围棋对局技巧 . 实战对攻

 **第六辑**

精讲围棋中盘技巧 . 打入与侵消
精讲围棋中盘技巧 . 攻击
精讲围棋中盘技巧 . 试应手

 **第七辑**

精讲围棋手筋 . 1
精讲围棋手筋 . 2
精讲围棋手筋 . 3
精讲围棋手筋 . 4
精讲围棋手筋 . 5
精讲围棋手筋 . 6

 **第八辑**

精讲围棋死活 . 1
精讲围棋死活 . 2
精讲围棋死活 . 3
精讲围棋死活 . 4
精讲围棋死活 . 5
精讲围棋死活 . 6